Gisa Steeg

NARZISSTISCHE + TOXISCHE BEZIEHUNGEN BEENDEN

Aus der Co-Abhängigkeit
... zurück ins Leben

SILBERSCHNUR VERLAG

Rechtlicher Hinweis

Ich verwende aus rechtlichen Gründen den Begriff Imprints (Prägungen) und nicht Traumata, da diese in eine therapeutische Behandlung und dadurch in die Hand von Ärzten und Therapeuten gehören und ich ausschließlich als Coach und Beraterin tätig bin. Die Angaben in diesem Buch sind nach bestem Wissen und Gewissen zusammengestellt. Sie sind weder ein Ersatz für Medikamente noch für irgendwelche ärztlichen oder psychotherapeutischen Behandlungen. Hinsichtlich des Inhaltes dieses Werkes und der darin dargestellten Resultate geben der Verlag und die Autorin weder indirekte noch direkte Gewährleistungen. Demzufolge können und sollen die Inhalte dieses Buches keinen Arztbesuch ersetzen und stellen keine Anleitung zur Selbstdiagnose dar. Empfehlungen hinsichtlich Diagnoseverfahren, Therapieformen oder Ähnlichem werden nicht gegeben. Autorin und Verlag übernehmen somit keinerlei Haftung.

Alle Rechte vorbehalten.
Außer zum Zwecke kurzer Zitate für Buchrezensionen darf kein Teil dieses Buches ohne schriftliche Genehmigung durch den Verlag nachproduziert, als Daten gespeichert oder in irgendeiner Form oder durch irgendein anderes Medium verwendet bzw. in einer anderen Form der Bindung oder mit einem anderen Titelblatt als dem der Erstveröffentlichung in Umlauf gebracht werden. Auch Wiederverkäufern darf es nicht zu anderen Bedingungen als diesen weitergegeben werden.

Copyright © 2021 Verlag »Die Silberschnur« GmbH

ISBN: 978-3-96933-004-3

1. Auflage 2021

Umschlaggestaltung & Satz: XPresentation, Güllesheim;
Druck: Finidr, s.r.o. Cesky Tesin

Verlag »Die Silberschnur« GmbH · Steinstraße 1 · D-56593 Güllesheim
www.silberschnur.de · E-Mail: info@silberschnur.de

Gisa Steeg

Narzisstische und toxische Beziehungen beenden

Inhaltsverzeichnis

Vorwort	7
Einleitung	9
1. Was sind narzisstische Verhaltensmerkmale?	15
Wie erkennst du narzisstisches Verhalten oder narzisstische Züge?	21
Weiblicher Narzissmus	30
2. Der klassische Verlauf einer Beziehung mit einem Narzissten	39
Lovebombing – der Tanz beginnt	44
Die ersten Krisen, die Fassade bröckelt	52
Die schleichende Isolation bis zur völligen Abschottung	55
Der Beginn einer On-Off-Beziehung	57
Hoovering	59
Flying Monkeys	61
Die Wut und das Lügen	63
Gaslighting und Machtspiele	64
Die Trennung	67
Emotionaler und narzisstischer Missbrauch in Beziehungen – typische Szenarien	70

3. Die Neben- und Nachwirkungen — 109
Wenn die Seele weint, folgt der Körper nach — 111
Co-Abhängigkeit – Co-Narzissmus — 124

4. Den Tanz ein für alle Mal beenden — 129
Hol dir dein Leben zurück — 131
Den eigenen Schattenanteil erkennen — 142
Das innere Kind heilen — 157
Narzisstische Manipulationen erkennen — 169
Eigenverantwortung übernehmen — 184
Vergebung — 189
Raum der Liebe — 195
Silent Body and Mind Talk – SOS-Hilfe für Körper und Seele — 200
Als ich mich selbst zu lieben begann — 203

5. Mein Rückblick, meine Learnings — 207

Hilfe, Schutz und Foren zum Austausch — 211
Literaturverzeichnis — 213
Die Autorin — 215

Vorwort

Dieses Buch ist keine Fachabhandlung über Narzissmus und narzisstische Persönlichkeitsstörungen, davon gibt es bereits genügend, und in der Literaturliste findest du einiges zu diesem Thema.

Dieses Buch soll "Opfern" oder wie ich lieber sage "Betroffenen", die Augen öffnen, ob und inwieweit sie in einer narzisstischen oder toxischen Beziehung stecken, wie sie den emotionalen Missbrauch und Manipulationen erkennen und ihren eigenen Anteil und ihre Co-Abhängigkeit wahrnehmen können. Ich möchte ihnen konkrete Handlungsmöglichkeiten aufzeigen, diesem narzisstischen Missbrauch zu entfliehen.

Jeder narzisstische Missbrauch ist auch eine Art von psychischer und verbaler Gewalt. Diese kann sich für die Opfer noch schlimmer anfühlen als körperliche Gewalt und hinterlässt "unsichtbare" Spuren auf der Seele der Opfer.

Aus eigener Erfahrung kann ich nur sagen, wer narzisstischen Missbrauch und diese verbale und emotionale Gewalt nicht selbst oder in seiner Umgebung erlebt hat, kann sich die Ausmaße und Auswirkungen auf die Psyche des "Opfers" nicht vorstellen. In vielen Interviews und Gesprächen berichteten mir Betroffene von ihren unglaublichen Qualen, von Demütigungen, Erniedrigungen, von körperlicher und verbaler Gewalt und von emotionalem, narzisstischem und sexuellem Missbrauch. Viele sprachen davon, dass es zu körperlichen und seelischen Krankheiten führte, die

die eigene Existenz vernichteten, und teilweise wurde mir sogar von Suizidversuchen oder Suizidfällen berichtet. Es waren Opfern, die so ausgelaugt, ausgehöhlt und am Ende waren, dass sie nur noch einen Ausweg sahen: ihrem Leben ein Ende zu setzen, um aus diesem "Gefängnis" zu entfliehen.

Achtung: Dieses Buch ist nicht dafür geschrieben, es einfach nur zu lesen, es soll zur Selbstreflexion anregen. Es ist als Arbeits-, Impuls- und Trainingsbuch gedacht und soll dir helfen zu erkennen, ob du selbst in einer narzisstisch geprägten Beziehung bist, wie du die Merkmale erkennen und dich lösen kannst.

Ich habe während meiner Recherche so viele Interviews und Gespräche geführt und musste oft dieselben Sätze, Sprüche und Situationen hören. Manchmal hatte ich das Gefühl, sie waren alle mit ein- und derselben Person liiert. Ich wünsche dir viele nützliche Erkenntnisse und die Stärke, deinen Weg zu gehen.

Und wenn du jemanden kennst, der sich gerade in so einer Situation befindet, selbst keine Kraft mehr hat oder es einfach selbst nicht erkennt, dann schenke der Person dieses Buch, um ihr die Augen zu öffnen, und sei für sie da.

Gisa

»Die Person, die Sie in 5 Jahren sein werden,
basiert auf den Büchern, die Sie lesen,
und den Menschen, mit denen Sie sich heute umgeben.«
Terry Hayes

Einleitung

Mein Name ist Gisa Steeg, Mutter eines studierenden Sohnes. Ich bin in einer schwäbischen Kleinstadt geboren worden – leider nicht mit einem goldenen Löffelchen im Mund. Mein Leben ist auch nicht geradlinig verlaufen.

Ich bin eines von 13 Kindern – ja, du hast richtig gelesen: 13 Kinder. Du kannst mir glauben, das war kein Spaß und meine Eltern waren geschieden, mein Vater sogar der stadtbekannte Alkoholiker. In der Schule wurde ich gehänselt und als asozial abgestempelt. Sprüche wie: "Haben deine Eltern keine anderen Hobbys?" Oder: "Ihr habt wohl keinen Fernseher, haha ..." Das war an der Tagesordnung.

Meine Mutter hatte ein ausgeprägtes Geltungsbedürfnis und hat sich über die vermeintliche "Anerkennung" und wie toll sie das alles schafft mit sooo vielen Kindern ihren Selbstwert aufpoliert. Doch die Wirklichkeit sah anders aus. Der Haushalt war vernachlässigt, ich musste schon sehr früh die Verantwortung für die Wäsche, das Geschirr und meine kleineren Geschwister übernehmen. Ich sehe mich heute noch mit Tränen in den Augen am Spülbecken stehen, um Geschirr zu spülen, oder ich stand an der Arbeitsplatte, um Brote für meine größeren Brüder zu schmieren, die sie am nächsten Tag mit zur Arbeit nahmen – während meine Klassenkameradinnen draußen spielten. Ich war erst acht oder neun Jahre alt.

Die Krönung des Ganzen waren die Lieblosigkeit und die Worte, mit denen meine Geschwister und ich täglich "gefüttert" wurden. Der Lieblingssatz meiner Mutter lautete: "Was habe ich auf dieser Welt verbrochen, dass ich mit solchen Kindern bestraft werde?!" Wir bekamen jeden Tag gesagt, dass wir eine Strafe Gottes waren für unsere Mutter. Egal, was ich machte, im Haushalt oder sonst, es war nie gut genug. Das nagte natürlich an meinem eigenen Selbstwert und prägte mich für den Rest meines Lebens.

Trotz allem habe ich immer an mich geglaubt, ich wollte ein besseres und leichteres Leben. Ich habe immer wieder für mich und meine Rechte eingestanden. Das musste ich ja, von meinen Eltern war nichts zu erwarten. Leichtigkeit oder etwas umsonst gab es nicht in meinem Leben. Ich musste für alles hart arbeiten, Leistung bringen und um ein Lob oder jede Anerkennung kämpfen. Das war mein ganz persönlicher und harter (und hartnäckiger) Glaubenssatz. Diesen loszulassen und Unbeschwertheit in mein Leben zu lassen, war ein langer Weg. Denn diese Einstellung und Prägung hatte sich schließlich Jahrzehnte bewährt, mir mein "Überleben" gesichert und ich konnte jedem zeigen, wie stark ich bin. Heute weiß ich, das war eine typische "Weg-von-Reaktion". Ich wollte ein anderes Leben, ein besseres, und ich habe es mir auch kreiert, trotz vieler Höhen und Tiefen. Ich bin immer wieder hingefallen – und immer wieder aufgestanden.

Nach der größten Krise meines Lebens, als mein Mann mich nach fast 30 Jahren gemeinsamer Zeit verlassen hat, konnte ich in vielen Ausbildungen und mehreren Coachings zu mir finden – und diesen Glaubenssatz endlich loslassen. Und als ich aufgehört hatte zu kämpfen, kam endlich die Leichtigkeit und Lebensfreude in mein Leben. Ich hatte angefangen, mein Leben bewusst umzukrempeln, positiver zu denken, zu reden, zu handeln und zu leben. Seither gehe ich achtsamer mit mir und meinem Umfeld um und erfahre mehr Lebenslust statt Lebensfrust.

Einleitung

Als es mir so richtig, richtig gut ging, kam ein Mann wie ein Tsunami in mein Leben – und als er weg war, waren die Sturmschäden enorm. Mir ging es emotional sehr schlecht. Der emotionale und narzisstische Missbrauch hatte Spuren hinterlassen, ich war ausgelaugt, fühlte mich wie ausgesaugt und ausgespuckt. Ich war ein nervliches Wrack und es dauerte, bis ich danach wieder in meine Kraft zurückgefunden habe.

Und du kannst mir glauben, ich hatte mir geschworen, dass mir so ein emotionaler und narzisstischer Missbrauch nie wieder passieren würde. Weit gefehlt, mir begegneten später noch Geschäftspartner, "Freundinnen" und neue Lebenserfahrungen mit diesem Muster.

Beziehungstechnisch hatte ich mir danach jeden Mann genau angesehen und lange auf Abstand gehalten. Als ich jemanden kennenlernte, dauerte es ein halbes Jahr, bevor ich mich auf die neue Partnerschaft einließ. Er war charmant, redegewandt, großzügig und ließ mir meinen Freiraum, zeigte für so vieles in meinem Leben Verständnis und es war keine Spur von Eifersucht erkennbar. Ich fühlte mich save, dachte, ich hätte endlich einen normalen Mann gefunden, und öffnete mein Herz und mich für diese Beziehung. Er hatte es geschafft, dass ich mich in ihn verliebte. Ab diesem Zeitpunkt, als für ihn die Beziehung in trockenen Tüchern war, als ich mich wirklich zutiefst verliebt hatte und ich nach einem weiteren Vierteljahr seine Kinder kennengelernt hatte, zeigte er sein wahres Gesicht und der Psychoterror ging los. Ich war dem zweiten Narzissten begegnet, und dieses Mal war es ein verdeckter Narzisst.

Zu diesem Zeitpunkt kam der Silberschnur Verlag auf mich zu und fragte mich, ob ich ein Buch über meine Erfahrung, wie ich mich von einem Narzissten trennte, schreiben könne. Das war mir zu diesem Zeitpunkt, 2017, irgendwie nicht möglich. Ich konnte doch kein Buch über die Trennung von einem Narzissten schreiben, wenn ich mir doch gerade wieder einen "eingefangen" hatte. Also brauchte es erst noch einige weitere Erfahrungen, Situationen, innere und äußere Klärungen und Trennungen, um jetzt endlich – mit dieser inneren Stärke – dieses Buch schreiben zu können. Hierin ist all mein Wissen gesammelt, all meine Erkenntnisse, die mir unfreiwillig zuteilwurden: wie ich mich stärke, wie ich einen Menschen mit narzisstischen Prägungen erkenne, was mein Anteil daran ist usw. Auch durch all die Berichte meiner Interviewpartner konnte erst jetzt ein wirklich gutes Buch entstehen.

Was ist das Gute am Schlechten? Es würde dieses Buch nicht geben, wenn mir das Leben nicht diese Erfahrungen mit Narzissten geschenkt hätte. Dadurch durfte ich noch einmal tiefe Wunden heilen und in meine Kraft und Stärke kommen. Heute sage ich dazu, es waren Ereignisse, manchmal auch Wendepunkte und auf jeden Fall immer eine Chance, etwas aus meinem Leben zu machen! Ich habe daraus gelernt, bin aus jeder Situation gestärkt hervorgegangen und zumindest um eine Erfahrung reicher geworden.

Der Verlag kam ein weiteres Mal auf mich zu und wollte endlich dieses Buch von mir. Gestärkt und gekräftigt war die Zeit jetzt reif, ich war bereit und hatte alle Erfahrungen gemacht, die ich brauchte. Okay, ich gebe zu, manche Erfahrungen hätte ich wirklich nicht "gebraucht" und gerne darauf verzichtet ...

Jetzt kennst du meine Motivation und Inspiration, dieses Buch zu schreiben und anderen damit zu helfen. Vielleicht kann dir das Buch eine Abkürzung aufzeigen auf dem Weg zu einem leichteren und selbstbestimmteren Leben. Oder du hast einen Freund oder eine Freundin, der/die in einer toxischen Beziehung steckt – dann kannst du dieses Buch verschenken und ihm oder ihr die Augen für dieses Thema öffnen.

Die Inhalte sind sehr geprägt von meinen persönlichen Erfahrungen, aber auch von den Erfahrungen und Themen vieler Klienten und Freunde. Hinzu kommen die vielen Interviews zum Thema emotionaler und narzisstischer Missbrauch. Übrigens: Viele dahinterliegende Muster, warum uns so etwas passiert und wir so und nicht anders darauf reagieren, bleiben jahrelang unerkannt; es sind die eigenen Muster und die des Partners.

Warum ich das schreibe, das wird dir bestimmt später noch klarer werden, wenn wir in die Themen Co-Abhängigkeit und Selbstreflexion einsteigen. Bei mir waren es meine Kindheitsprägungen, die mich auf der einen Seite sehr stark gemacht haben. Auf der anderen Seite habe ich daraus aber auch ein ausgeprägtes Helfer- und Heilersyndrom entwickelt. Und das sind genau die Gründe, warum ich zwei Narzissten in mein Leben gezogen hatte, weil diese genau die "Sehnsucht nach Liebe und nach einer heilen Welt" gespürt haben – und genau da andocken konnten. Narzissten nehmen sehr gerne empathische Menschen, die sehr gerne geben, was sich natürlich sehr gut ergänzt. Das ist wie ein Schlüssel-Schloss-Prinzip.

Wenn du nicht mehr als "Opfer", "Helfer" oder "Retter" (sprich: "Schloss") zur Verfügung stehst, wird dich auch kein Schlüssel mehr finden, der versucht, bei dir anzudocken.

Gisa Steeg
Steh-auf-Coach

1.

Was sind narzisstische Verhaltensmerkmale?

1.

Wir leben in einer narzisstisch geprägten Gesellschaft und Welt. Uns wird in den sozialen Medien vorgegaukelt, dass wir alles haben können, alles sein können, wir müssen es nur wollen. Es geht um die Selbstoptimierung und um grenzenlose Selbstdarstellung, vor allem in den sozialen Netzwerken. Diese machen es einem leicht, einen gewissen Grad an Inszenierung und Außendarstellung zu leben und damit den eigenen Narzissmus zu fördern.

Es gibt laut Psychologie nicht "die narzisstischen Züge", sondern eine Vielzahl an Merkmalen, Abstufungen und Ausprägungen bis hin zum pathologischen und krankhaften Narzissmus. Ebenso steht in vielen psychologischen Lehrbüchern, dass jeder von uns narzisstische Züge in sich trägt.

Narzisstische Züge haben auch einen positiven Effekt, denn sie stärken unseren Selbstwert und sorgen dafür, dass wir uns auch in der Öffentlichkeit zeigen und präsentieren. Das nenne ich dann immer einen gesunden Narzissmus und Egoismus, der nicht auf dem Rücken eines anderen ausgetragen wird. Dieser spornt nur uns selbst an weiterzumachen. Nur manchmal kann es sein, dass wir uns und unsere Fähigkeiten hier und da überschätzen, was ja erst einmal weiter nicht schlimm oder verwerflich ist.

Wer sich selbst wertschätzt, der hat es nicht nötig, sich über andere zu stellen und sich selbst zu erhöhen. Menschen, die jedoch einen ausgeprägten Narzissmus in sich tragen, sind sehr auf sich selbst fokussiert, auf ihren Vorteil bedacht und gehen "über Leichen", wenn es für sie nützlich und dienlich ist. Wer nicht mehr dienlich ist, wird aussortiert. Narzissmus bewegt sich zwischen zwei Endpunkten – dem gesunden und förderlichen Selbstwertgefühl und dem pathologischen, malignen Narzissmus auf der anderen Seite. Zwischen den beiden Endpunkten gibt es eine Vielzahl von unterschiedlichen narzisstischen Ausprägungen und Facetten. Ich spreche in diesem Buch bewusst nicht über die "Diagnose" narzisstischer Persönlichkeitsstörungen, was mir gar nicht zustehen würde, sondern über die verschiedenen Erscheinungsformen des narzisstischen Verhaltens und wie meine Klienten es erlebt haben.

Wie entstehen diese verschiedenen narzisstischen Verhaltensweisen?

Dieses Buch ist, wie gesagt, keine wissenschaftliche Abhandlung, dennoch bedarf es einiger Erklärungen. In der Fachliteratur ist nachzulesen, dass "Störungsbilder", wie z. B. Narzissmus, sehr komplex und vielfältig sind, dass sie sich niemals auf nur eine Ursache zurückführen lassen, geschweige dennoch einfach zu erklären sind.

Früher sagte man, das ist ein Tyrann, ein Choleriker oder ein Egozentriker. Sprüche wie "Der Herr im Hause duldet keinen Widerspruch" waren durchaus bezeichnend. Erst als der Begründer der Psychoanalyse, Sigmund Freud, 1912 in einer seiner Publikationen die narzisstische Persönlichkeitsstörung zu einer psychischen Krankheit erklärte, wurde der Begriff "Narzissmus" geprägt.

Die heutige Zeit und die sozialen Medien sind die ideale Plattform für Egozentrik, Selbstdarstellung, digitale Gewalt, narzisstisches Agieren und Intrigen. Narzissmus ist inzwischen nicht nur weit verbreitet, sondern auch gesellschaftlich anerkannt, man werfe nur einen Blick in die Weltpolitik.

In der Wissenschaft werden jedoch zwei Hypothesen genannt, die für die Entstehung von Narzissmus vermutet werden: wenn die Person als Kind zu wenig emotionale Zuneigung, Zeit, Liebe oder Zärtlichkeit erfahren hat. Die Grundbedürfnisse wurden nicht befriedigt und das Kind ist emotional verhungert. Genau aus diesem unbefriedigten Urbedürfnis folgt der permanente Schrei nach Liebe, Aufmerksamkeit und Anerkennung. Als Kind können wir es noch als Trotzphase abtun, wenn sich der Nachwuchs auf den Boden wirft und das Kind weint und schreit, wenn man ihm etwas wegnimmt. Doch im erwachsenen Alter sieht dieses Verhaltensmuster schon anders aus.

Menschen mit einer narzisstischen Persönlichkeitsstörung sagt man nach, dass sie emotional in der Kindheit stecken geblieben sind und als Erwachsene immer noch nach den gleichen Kindheitsmustern agieren und reagieren. Dieses kleine, schreiende innere Kind (im erwachsenen Körper) kommt immer wieder an die Oberfläche und muss in Schach gehalten werden, um als Erwachsener überleben zu können. Nur gelingt es den Betroffenen nicht immer und die Fassade bröckelt.

Der zweite Grund ist das genaue Gegenteil, statt der Vernachlässigung steht die "Überbehütung" und Überliebe im Vordergrund. Heute spricht man auch von Helikoptereltern. Das Kind wird maßlos verwöhnt und überbehütet, mit Geschenken und Liebe überschüttet, jeder Wunsch wird erfüllt, es gibt kein Nein. Alle Probleme werden aus dem Weg geräumt. An den schlechten Noten in der Schule ist nicht das Kind, sondern der Lehrer schuld; er wird als inkompetent hingestellt, und nicht selten wird sogar ein Rechtsanwalt eingeschaltet. Die Kinder lernen nie, mit Belastungen, Frustration und Kritik umzugehen – und auch nicht, ein Nein zu akzeptieren.

Eltern überschätzen ihre Kinder oft und stellen sie über alles oder sogar auf einen Sockel. Die "Kinder" übernehmen dann diese Selbstüberschätzung und Selbsterhöhung.

Wie erkennst du narzisstisches Verhalten oder narzisstische Züge?

Diese Frage wird mir immer wieder gestellt. Ich liste dir hier ein paar Merkmale auf, damit du erkennen kannst, ob du in einer toxischen oder narzisstischen Beziehung bist oder ob dein Gegenüber narzisstische Züge aufweist. Diese Auflistung erhebt allerdings keinen Anspruch auf Vollständigkeit.

Wenn ein "krankhafter Eigenbezug" besteht, z. B. allgemeine Feststellungen werden stets auf sich selbst bezogen. ("Also bei mir war das so ..." / "Ich kenne das auch ...") Egal, um was es geht, er/sie erzählt immer von sich und geht nicht auf das Gegenüber ein. Du sagst etwas, und er/sie redet über etwas ganz anderes weiter, als ob du nicht geantwortet hättest. Andere ausreden zu lassen gilt im Übrigen als überbewertet in den Augen eines Narzissten.

Ein Narzisst ist schnell beleidigt, weil alles als Kränkung und "Majestätsbeleidigung" empfunden wird – eben durch den krankhaften Eigenbezug und die Ichbezogenheit.

Er sieht sich selbst in seiner Phantasie bereits beim grenzenlosen Erfolg, mit Macht und schon auf dem Chefsessel.

Wenn es ein Problem gibt, dann nicht wegen ihm. Bei Beziehungsproblemen liegt es nur an dir, du musst dich eben noch etwas besser anstrengen. Narzissten drehen den Spieß um und geben dir die Schuld.

Er steht auf Glanz und Schönheit oder beschäftigt sich mit diesen Idealen in der Liebe, das bedeutet, er oder sie sucht sich Partner aus, die diese Ideale verkörpern. Ein Narzisst schmückt sich gerne mit schönen Frauen oder Männern, mit Autos ..., auch wenn es der Geldbeutel nicht hergibt. Aus dieser Beziehung ziehen dann übrigens beide einen enormen "Selbstwertzuwachs": Der Partner gewinnt durch den Status, das schicke Auto, das Ansehen usw. und der Narzisst schmückt sich mit seinem schicken "Anhängsel". Wenn die Frau nicht mehr dem "Ideal" entspricht, weil sie z. B. zugenommen hat nach der Schwangerschaft, dann wird sie gerne "ausgetauscht". Wenn der Narzisst allerdings weiterhin z. B. einen finanziellen Vorteil von der Beziehung hat, dann wird eben eine oder mehrere Nebenfrauen gehalten. Das mag hart klingen, ist jedoch oft die Realität.

Ein Narzisst hat ein übertriebenes und übersteigertes Gefühl der Einmaligkeit, der Unentbehrlichkeit. Er zeigt nach außen einen übertriebenen Selbstwert, der im Inneren oft nicht zu finden ist.

Maßlose Übertreibungen der eigenen Leistungen, des Könnens, der Begabungen sind an der Tagesordnung.

Narzissten kommen durch ihre Selbstdarstellung in Positionen, in denen sie Macht ausüben können – und sie missbrauchen diese zuweilen auch. Das kann man in der Politik oder in höheren Positionen oft beobachten.

Ein Narzisst verkauft die Leistungen und Erfolge der anderen gern als die eigenen, lässt sich dafür feiern. Seine Niederlagen sind dann aber nur von anderen verursacht und werden auf diese abgewälzt.

Der Erfolg und das Wissen der anderen wird als persönliche Beleidigung angesehen und gewertet, deshalb wird es abgewertet und schlecht geredet.

Narzissten buhlen um ungeteilte Aufmerksamkeit, Anerkennung, Applaus und Bewunderung. Bleibt das aus, werden sie unbequem, verletzend und schlagen verbal um sich. Das kann in der heutigen Zeit in Cyber-Mobbing ausarten.

Durch ihre ichbezogene Art konzentrieren sich Narzissten auf die eigenen Probleme, denn niemand außer ihnen hat das Recht, Probleme zu haben.

Sie zeigen sehr deutlich ihre Gefühle von Zorn, Wut, aber auch eine kühle Gleichgültigkeit, wenn jemand nicht mehr interessant erscheint für die eigenen Zwecke.

Das Bestrafen durch Schweigen (Silent Treatment) und durch Nichtbeachtung ist oft zu beobachten. Narzissten zeigen jedoch auch ihre Verachtung sehr deutlich, um zu demonstrieren, wer hier die Macht hat.

Wenn ein Narzisst andere Personen von sich abhängig macht, kann er sie bemachten, beherrschen und bleibt selbst autonom.

Sie stellen Ansprüche und Erwartungen an andere, ohne jedoch eine Gegenleistung zu erbringen; alle sind in der Bringschuld.

Narzissten bauen eine nutzenorientierte Beziehung auf, das bedeutet, sie fragen sich stets: Welchen Nutzen hat jemand für sie?

Sie nutzen Beziehungen emotional und materiell aus, suchen immer ihren Vorteil. Zum Beispiel werden Geschäftspartner über den Tisch gezogen, in Partnerschaften wird der Partner finanziell ausgebeutet. Das geschieht manchmal ganz subtil durch Sätze wie: "Ach Schatz, ich habe meine Geldbörse vergessen, kannst du bitte bezahlen?" Oder vor lauter Liebe zieht er/sie sofort bei dir ein und lebt plötzlich von und auf deine Kosten, weil seine/ihre Wohnung renoviert wird, leider unverschuldet gekündigt wurde oder was auch immer. Sie stellen sich oft als "Finanzexperten" dar und wollen dir helfen, dein Geld anzulegen oder zu verwalten – und ruck, zuck haben sie Zugriff auf dein Konto und deine Finanzen.

Ein Narzisst führt extreme Beziehungen, bei denen der Partner am Anfang "idealisiert" und später oft erniedrigt, entwertet und weggeworfen wird. On-Off-Beziehungen oder mehrere gleichzeitig sind keine Seltenheit. Die betroffenen Partner erleben Himmel und Hölle zugleich.

Ein Narzisst ist oft unfähig, andere zu verstehen oder die Gefühle anderer wahrzunehmen, man spricht auch von der fehlenden Empathiekompetenz oder dem Willen für Empathie. Meiner Meinung nach besitzen sie einen "gewissen Grad" an Einfühlungsvermögen. Zumindest haben sie die Fähigkeit, dich zu lesen, zu deuten, und sie erkennen ganz genau, wo deine Schwachstellen sind und wie sie bei dir landen können. Sie lernen, wie sie Vertrauen aufbauen und wie sie dich manipulieren können, damit du dich in sie verliebst, dich in ihnen verlierst, ihnen vertraust oder ihnen sogar dein Geld anvertraust.

Ein Narzisst beutet andere gezielt zu seinem Vorteil aus, und wenn die anderen nicht mitspielen, werden sie fallen gelassen, die Protagonisten (Partner, Geschäftspartner, Freunde) werden ausgetauscht.

Jeder zarte Hauch von Kritik wird schon als Verletzung und Beleidigung aufgefasst. Diese Empfindlichkeit wird noch gesteigert in der Überzeugung, zu wenig Bewunderung oder Applaus zu bekommen, denn das wurde statt Kritik erwartet.

Konfrontiert man Narzissten mit ihrem eigenen Fehlverhalten, drehen sie den Spieß um und stellen sich als Opfer und dich als Täter hin.

Ein Narzisst ist gekränkt und beleidigt, wenn andere nicht tun, was er Narzisst will, dass sie tun.

Er stellt andere in der Öffentlichkeit bloß, macht Witze über sie und macht sich lustig über andere. Wenn du dich wehrst, wirst du als zickig und schwierig hingestellt vor den Freunden oder Kollegen.

Ein Narzisst lebt das Drama und setzt sich gerne in Szene.

Werden Narzissten und ihre Spielchen, Fehler oder Machenschaften entlarvt, verlassen sie die Bühne, oft mit viel Drama und viel Chaos. Dann stellen sie sich als Opfer von Intrigen dar und suchen sich einen neuen Wirkungskreis. Diesem wird dann erzählt, wie schlimm alles war und dass sie für die Pleite, die Schulden, den Jobverlust oder dass sie verlassen wurden nichts können, sie sind hier die Opfer.

Narzissten spielen in der Öffentlichkeit den Charmanten, Strahlenden, Zuvorkommenden. Die Freunde oder Kollegen beneiden dich um diese Traumfrau/diesen Traumprinzen und können nicht verstehen, dass du in dieser Beziehung leidest oder etwas Schlechtes über deinen Partner sagst. Erst auf dem Weg zum Auto oder wenn die Gäste gegangen sind, kippt die Stimmung und der Narzisst zeigt sein wahres Gesicht. Ich sage immer: Dann fällt das Engelsgesicht und die "Hassfresse" kommt zum Vorschein.

Narzissten entschuldigen sich nicht – und wenn sie es tun sollten, dann ist es mit einem konkreten Ziel verbunden, sei es, dich zurückzugewinnen, sei es, dass du etwas für sie erledigst. Was auch immer, es ist nie ehrlich gemeint.

Ein Narzisst erwartet besondere Vergünstigungen und generell Bevorzugung, ohne selbst Verpflichtungen zu übernehmen, z. B. den besten Platz im Restaurant oder Rabatte, die sonst keiner bekommt.

Er übervorteilt andere, um seinen eigenen Selbstwert zu steigern und um sich seine Wünsche zu erfüllen. Dabei missachtet er die persönliche Integrität und die Rechte der anderen. Das geschieht insbesondere im Zeitalter der sozialen Medien, da werden Menschen öffentlich an den Pranger gestellt, namentlich bloßgestellt, denunziert und andere werden gerne "aufgeklärt". Dafür gibt es inzwischen den Begriff "digitale Gewalt und Missbrauch".

Narzissten lügen oft und glauben das, was sie erzählen. Wenn man sie korrigiert oder die Wahrheit belegen kann, wird man als unwissend, belehrend oder rechthaberisch hingestellt. Oder es kommen Sprüche wie: "Du vertraust mir nicht, wie soll ich dann noch mit dir zusammen sein?"

Sie haben immer Recht. Egal, wie sehr sie gerade lügen oder wie groß der Betrug ist, sie haben für alles eine Erklärung und eine Ausrede parat. Der Fehler liegt grundsätzlich nicht bei ihnen.

Als Partner wirst du als "Besitz" betrachtet, sie kontrollieren z. B. das Handy, die Profile auf den sozialen Medien und jeder fremde Like und Kommentar wird wieder als persönliche Beleidigung angesehen. Die Kontrolle kann sogar so weit gehen, dass der PC heimlich angezapft wird, auf das Handy eine Ortungs-App gespielt wird und deine Bankkonten eingefroren werden.

Narzissten suchen sich starke Frauen oder Männer, um anzudocken, sie auszulaugen, von ihrem Wissen, Glanz und Strahlen zu profitieren - nur um dann, wenn sie ihre Partner ausgelaugt haben, weiterzuziehen. Oder sie suchen sich Menschen mit Helfersyndrom, die immer mehr geben und sich für andere "aufopfern", denn sie selbst sind vom Stamme NIMM.

Ein Narzisst macht andere klein, um sich groß zu fühlen. Hier passt das Beispiel einer Klientin, deren Mann immer "Kleines" zu ihr sagte. Sie mochte es nicht und bat ihn, es zu unterlassen. Daraufhin sagte er zu ihr: "Wieso denn? Du kannst doch gerne 'Großer' zu mir sagen."

Narzissten sind oft sehr charismatisch, hochintelligent und haben ein "selbstsicheres" und einnehmendes Auftreten. Wenn sie den Raum betreten, dann nehmen sie ihn auch ein und wollen im Mittelpunkt stehen.

Sie neigen oft zu Suchtverhalten, z. B. Sexsucht, Alkoholismus oder Drogen.

Narzissten sind vermeintlich hilfsbereit ... wollen sich aber eigentlich nur in das Leben der anderen drängen. Dafür geben sie vor, deine Ehe retten zu wollen, dir in deinem Business oder bei deinen Finanzen helfen zu wollen, dich unterstützen zu wollen ... um dich am Ende in einer Abhängigkeit zu haben, um die Fäden in der Hand zu halten, um mehr Kontrolle über dich und dein Leben zu erlangen – und um dir dann immer wieder mangelnde Dankbarkeit vorwerfen zu können.

Narzissten sind oft krankhaft eifersüchtig, dabei gehen sie selbst fremd und unterstellen dir dann, zu flirten oder fremdzugehen, um von sich selbst abzulenken. Du bist in der Dauerschleife unter Beschuss und musst dich rechtfertigen für etwas, das nur in seinem/ihrem Kopf stattfindet. Das ist eine Form von "Gas-Lightning".

Narzissten gehen vor allem fremd, um den eigenen Selbstwert zu steigern oder weil die/der Nächste das hat, was er/sie sucht, um seine Bedürfnisse zu befriedigen – sei es sexuell, finanziell oder seien es andere Vorteile wie eine bessere Wohnung, öffentliches Ansehen, besseres Aussehen ... Er/sie passt das Beuteschema seinen jeweiligen Bedürfnissen an.

Vielleicht hast du bereits hier und da ein paar Merkmale oder Verhaltensweisen an einem Menschen in deinem Umfeld wiedererkannt und kannst in Zukunft die Situation besser einschätzen und verstehen.

Vergiss bitte nicht, auch wir haben manchmal narzisstische Anteile in uns, jedoch sind die Grenzen zwischen negativem und positivem Narzissmus nicht immer klar definiert und lassen sich daher nicht immer eindeutig ziehen. Lieben wir es nicht auch mal, im Mittelpunkt zu stehen oder Komplimente zu bekommen, wenn unser Ego gestreichelt wird? Das ist völlig in Ordnung und normal. Wenn jedoch die hier beschriebenen Eigenschaften geballt und massiv bei einer Person auftreten und regelmäßig wiederkehren, so dass er/sie selbst und vor allem das Umfeld darunter leiden, dann liegt der Verdacht nahe, dass es sich um eine krankhafte Persönlichkeitsstörung handelt. Die Diagnose sollte jedoch ein Arzt oder ein Psychologe stellen. Deshalb spreche ich hier im Buch auch gerne von narzisstischen Persönlichkeitsmerkmalen und -anteilen oder von narzisstischen Strukturen, die wir wahrnehmen.

Weiblicher Narzissmus

Der männliche und der weibliche Narzissmus unterscheiden sich nicht unbedingt grundlegend, sondern haben so viele Überschneidungen, weshalb ich hier nicht alles wiederholen werde. Doch während der männliche von verbaler und auch physischer Gewalt geprägt ist, ist der weibliche Narzissmus viel subtiler, schleichender und unterschwelliger. Ich selbst wurde von einer "Freundin" eingelullt, sie hatte die Mitleidsnummer aufgelegt und mich bei meinem "Helfersyndrom" gepackt. Sie stellte sich nach einer Trennung als armes Opfer dar, und da ich bereits Bücher über Trennungen geschrieben hatte, suchte sie meine Nähe und immer wieder meinen Rat. Ich kannte ihre Partnerschaft und ihr Umfeld nicht persönlich, also warum sollte ich ihr keinen Glauben schenken?

Da ich über den Jahreswechsel plante, nach Mallorca zu fliegen, lud ich sie ein, ein paar Tage mitzukommen, jedoch ihre Kosten selbst zu übernehmen. Die Ferienwohnung eines Freundes war groß genug. Bereits bei der Buchung stellte sie sich immer wieder als technisch unfähig hin und wollte mich manipulieren, damit ich ihr den Flug buche und in Vorkasse gehe. Meine Antwort war ein klares Nein, wer in den Urlaub will, kann ihn selbst buchen. Und siehe da, plötzlich funktionierte es. Ich bot ihr nur ein paar Tage an, doch plötzlich hatte sie die ganze Zeit meines Aufenthalts gebucht. So war es nicht abgesprochen gewesen. Ich sprach sie darauf an, und sie tat völlig unschuldig und hatte tausend Gründe, warum sie nicht alleine früher zurückfliegen konnte, warum sie sich nicht traute, allein nach Hause zu fliegen. Sie stellte sich als völlig unfähig hin, das alleine zu können usw.

Nun, das Kind war in den Brunnen gefallen, der Flug gebucht und ich dachte mir: 'Na ja, ich muss ja nicht jeden Tag mit ihr verbringen.' Das brachte ich auch klar zum Ausdruck, was sie akzeptierte. Dachte ich ... Doch in Wirklichkeit klammerte sie so sehr und ließ mir kaum Luft für meine Aktivitäten oder dafür, meine Freunde alleine zu besuchen usw.

Sie inszenierte ein Drama nach dem anderen, und ich hörte mir ihre Storys an: sie das arme Opfer, die Ex die Böse ... Sie suchte immer noch nach dem WARUM ... und in tagelangen Gesprächen und Coachings, in denen es immer nur um sie ging, kamen wir dem Warum und der Lösung endlich auf den Grund. Ich war erleichtert, endlich konnte ich mich um meine Bücher und um mich kümmern. Welch ein frommer Wunsch und naiver Gedanke, zu diesem Zeitpunkt hatte ich ihr Spiel noch nicht durchschaut.

Dann hatte ich eine Lesung auf einer Event-Finca zu meinem Buch "Wie aus Wunden Wunder werden". Ich stand im Mittelpunkt, meine Freunde und Bekannten kamen wegen mir. Ich hatte die Aufmerksamkeit meiner Zuhörer und Gäste. Plötzlich brach sie in Tränen aus, inszenierte wieder ein Drama, um die Aufmerksamkeit aller auf sich zu ziehen, um im Zentrum zu stehen und die "Bühne" an sich zu reißen. Sie buhlte um Mitleid - und plötzlich war da keine Klarheit mehr, das Warum nicht gelöst oder geklärt. Denn wenn das Problem weg gewesen wäre, dann hätte sie ja nichts mehr gehabt, um sich in den Mittelpunkt zu drängen und um Anteilnahme und Aufmerksamkeit zu buhlen; es würde das Werkzeug fehlen, um sich ihre Dramabühne zu erschaffen. In diesem Moment hatte ich ihr Spielchen durchschaut und hätte ehrlich gesagt "kotzen" können, weil ich mich so um meine Zeit beraubt fühlte, auch ausgenutzt und im wahrsten Sinne missbraucht. Ich hatte keine Lust auf ihr Drama und gab ihr keinen Raum mehr. Lieber kümmerte ich mich um meine Gäste, aber es fanden sich natürlich Menschen, die ihr ihre narzisstische Zufuhr gaben und sie auf ihrer Dramabühne beklatschten.

Die Tage vergingen, ich durchschaute sie immer mehr und mehr, doch überall musste sie dabei sein. Mir blieb nicht anderes übrig, als sie mitzunehmen und ihr meine Freunde und Bekannten auf der Insel vorzustellen. Ich wollte einfach meine Freunde treffen, was hatte ich schon zu verlieren? Doch auch hier ging jedes Mal das Drama los um die "arme Verlassene und die böse Ex" und wie sehr sie darunter litt. Ich konnte es nicht mehr hören, weil es sich immer mehr nach einer Lüge anhörte, je öfter ich es mir anhören musste. Kaum waren wir im Auto auf der Rückfahrt in die Unterkunft, vernetzte sie sich sofort auf den Social-Media-Kanälen mit meinen Freunden. Sie schrieb oder schickte ihnen noch aus dem Auto heraus Sprachnachrichten mit zum Teil folgendem Wortlaut: "Meine liebe ..., es ist so schön, dich kennenzulernen, das ist ein Geschenk, dass wir uns begegnet sind, und ich freue mich so sehr, mit dir befreundet zu sein." Wer fühlt sich da nicht gebauchpinselt? Wer denkt da nicht daran, was für eine liebe und sympathische Frau das doch ist? Wer denkt da nicht selbst, dass es schön ist, sich begegnet zu sein?

Das Spiel mit den "Flying Monkeys" begann und die Dramabühne wurde jedes Mal auf ein Neues eröffnet, ihre "noch nicht überwundene Trennung" wieder und wieder als Plattform für Mitleid genutzt. Sind wir mal ehrlich, wer von uns hat kein Mitgefühl mit jemandem, der verlassen wurde und die Wahrheit noch nicht kennt? Ich war ja selbst hereingefallen und hatte ihr aus Mitleid angeboten, ein paar Tage mitzugehen. Jetzt hatte ich den Salat.

Ich für meinen Teil konnte es nicht mehr hören und fühlte mich um meine Zeit beraubt und verarscht. Wenn ich sie darauf ansprach, verfiel sie in bitterliches Weinen, stellte mich als herzlos und egoistisch hin, es müsse sich ja immer alles um mich drehen. Ich hätte ja so gar kein Einfühlungsvermögen, wie es ihr damit gehe usw.

Das Spannendste war dann eines Morgens, als ich aufwachte und auf Facebook ein Live von ihr sah. Sie saß vor meinem Schlafzimmerfenster und strahlte in die Kamera, erzählte, wie toll alles wäre auf der Insel, wie unglaublich schön die Zeit hier wäre und wie sehr ich ihr in ihrem Liebeskummer und dieser so schweren Zeit geholfen habe. Sie grinste und strahlte. Ich dachte mir: 'Wow, das kann heute ein schöner Tag werden, ohne Gejammer.' Wie wir alle wissen: Die Hoffnung stirbt zuletzt.

Dann kam sie zur Tür herein, setzte sich auf meine Bettkante, krümmte sich und hielt sich den Bauch vor Schmerzen. Sie erzählte mir, wie schlecht es ihr gehe, wie sie gerade unter seelischen und körperlichen Schmerzen leide und wie schlimm alles sei. Echt jetzt? Ich hielt ihr Facebook und ihr eigenes Video hin und fragte sie, was sich denn bitte in einer Minute verändert habe? Ihre Antwort versetzte mich nur wieder in blankes Entsetzen. Na ja, Facebook und die Medien seien ja alles nur Fake, da müsse sie ja so tun als ob und spielen, um Aufmerksamkeit zu bekommen, das machten doch alle.

Und in diesem Augenblick durchschaute ich ihre Machenschaften und Manipulationsversuche. Einen Tag zuvor hatte ich verkündet, dass ich diesen Tag alleine verbringen wollte und sie sich alleine beschäftigen müsse. Das war am Tag zuvor auch kein Problem gewesen, doch nun sollte ich mich gefälligst um sie kümmern, weil sie sich ja krümmte.

Ich bot ihr aber keine Bühne für ihre Lügen, ihr Drama, sondern ich nahm sie mit zu einer Freundin – und sie suchte sich schnell meine Freundinnen als neue Bühne. Denn dort bekam sie die Bewunderung, die sie so dringend brauchte, das Mitleid, das ihre Seele nährte. Vor allem konnte ihr diese Freundin eine bessere Urlaubsmöglichkeiten bieten, da sie auf der Insel wohnte. Somit war klar, ich war nur ein Sprungbrett gewesen, aber jetzt nicht länger dienlich, weil ich sie und ihr Schauspiel durchschaut hatte. Sie klammerte sich sofort an meine Freundin und trieb einen Keil zwischen uns.

Da zog ich mich lieber zurück und überließ ihr die Bühne. Echte Freunde spüren es, wenn sich jemand wie ein kleines Baby in die Bettritze des Ehebettes drängt und nach dem Schnuller schreit. Ich brachte sie dann auch zu besagter Freundin, um endlich einen Tag für mich zu haben und mich mit anderen Freunden treffen zu können. Die beiden hatten sich wohl gesucht und gefunden, auf jeden Fall verstanden sie sich blendend. Abends wollten wir uns zum gemeinsamen Abendessen treffen, aber sie ließen mich 45 Minuten vor dem Restaurant stehen und warten, und als wir im Lokal saßen, war es, als ob ich gar nicht anwesend wäre. Als ich dann mal etwas sagte, weil ich durchaus langsam angekäst war (was ja bei 45 Minuten in der Kälte, ohne eine Erklärung oder Antwort, warum sie nicht pünktlich gewesen waren, durchaus verständlich ist), wurde ich erstaunt gefragt, was ich nur hätte? Es müsse sich doch nicht immer alles um mich drehen. Da war ich mal sprachlos. Da die beiden aber ohnehin nur mit sich beschäftigt waren, machte es keinen Sinn, etwas zu sagen, und ich verschwendete keine Energie darauf. Um ehrlich zu sein, war ich so froh, dass wir nur noch einen Tag hatten – und den wollte ich dann am Strand und in meiner Lieblingsstrandbar verbringen, um entspannt Abschied zu nehmen. Ich konnte noch nicht ahnen, dass das größte Drama noch vor mir liegen sollte.

Die beiden hatten sich verabredet, damit die Dramaqueen endlich noch mehr Bühne bekommen und mal auf ein Pferd steigen konnte. Sie hatte meine Freundin völlig in ihrem Helfer- und Heilersyndrom getroffen – und die (offensichtlich gespielte) "Angst" vor Pferden musste ja "geheilt" werden, sie musste unbedingt auf einem Pferd sitzen, um die Angst zu verlieren. Für jemanden, der das Spiel noch nicht durchschaut hatte, war die "Hilfe" etwas Selbstverständliches. Und ehrlich gesagt, ich fand das eine total schöne Geste von meiner Freundin, die ja auf Mallorca lebte und Pferde hatte. Also habe ich die Dramaqueen gerne zu ihr gefahren, weil auch ich mich bei den Pferden wohl fühlte. Sie saß dann endlich auf dem Pferd und achtete natürlich sehr darauf, dass sie meine Aufmerksamkeit hatte und ich sie unbedingt dabei fotografierte. Auf der Weide lief ich ihr hinterher und fotografierte und filmte sie. Dann setzte ich mich auf einen kleinen Hocker, der dort stand, und bearbeitete die Bilder sofort auf meinem Handy, damit sie die Bilder ihrem Sohn und Freunden schicken konnte. Dann trabte sie zu mir und rief mir zu: "Gisa, bist du noch bei mir?" Ich dachte, ich höre jetzt nicht richtig. Seit wir hier waren, drehte sich alles nur um sie. Ich setzte mich hin und bearbeitete die Bilder für sie, damit sie sie sofort verwenden konnte, und nun fühlte sie sich zu wenig beklatscht und beachtet?! In mir grummelte es inzwischen beachtlich, um nicht zu sagen, ich war kurz vor einer Explosion.

Ich schaute auf die Uhr und hatte gar nicht bemerkt, wie schnell die Zeit vergangen war, wir hatten noch einen Tisch reserviert und das Pferd musste noch versorgt werden. Also sagte ich den beiden Ladys, wie spät es inzwischen war. Meine Insel-Freundin meinte entsetzt: "Oh, schon so spät! Ach, Gisa hättest du auch mal reiten wollen?" Ich verschob es einfach auf ein anderes Mal, denn ehrlich gesagt wollte ich endlich ans Meer, um mich emotional zu verabschieden. Für mich war es völlig okay, nicht aufs Pferd zu steigen. Mir war inzwischen kalt und ich hatte keine Lust mehr.

Als wir dann im Auto saßen, fing die Freundin an, warum ich nicht früher gesagt hätte, dass ich reiten wollte. Ich meinte nur: "Na ja, wir waren zu dritt und das hätte man sich denken können ... Aber es war eben einfach keine Zeit mehr gewesen und mir war es auch nicht so wichtig." Dann begann sie, mir die Schuld dafür in die Schuhe zu schieben, ich wäre doch selbst schuld, dass ich nicht zum Reiten gekommen wäre, und ich solle mich doch jetzt nicht als Opfer darstellen. Zack, ich war schuld, sollte mich nicht so anstellen ...

Du kannst dir vorstellen, dass ich in diesem Moment tatsächlich geplatzt bin. Ich habe ihr ganz klar und deutlich gesagt, dass es den ganzen Urlaub, meinen Urlaub, nur um sie gegangen ist, sie sich, egal wo wir waren, in den Mittelpunkt gedrängt hat, jedes Mal in ihr Drama verfallen ist und jetzt sogar noch versuchte, mir die Schuld überstülpen zu wollen. Mir sagte sie jetzt, dass sich immer alles um mich drehen müsse. Ich war so wütend. Und weißt du was? Sie saß plötzlich zusammengekauert, weinend, wie ein Opfer neben mir. In Tränen aufgelöst musste ich mir anhören, wie schlimm ich wäre, sie wolle mir doch nur alles recht machen und wüsste gar nicht mehr, wie sie sich verhalten solle. So schlimm wäre sie noch NIE behandelt worden. Ich war sprachlos und entsetzt. Sie war enttarnt, entlarvt und aufgeflogen in ihren Machenschaften und drehte den Spieß in diesem Moment einfach um, stellte mich als Täterin hin.

Auf dem Parkplatz der Strandbar musste ich zu erst ein paar Mal tief ein- und ausatmen, damit nicht gleich ein Unglück geschah. Sie setzte sich sofort ein paar Meter von mir entfernt auf einen Stein, krümmte sich und weinte, um mir meine Grausamkeit zu demonstrieren, wie schlimm ich wäre und wie schrecklich ich mit ihr umgehen würde.

Ich konnte das ignorieren, und als wir dann zu unserem Tisch kamen, konnte ich es mir nicht verkneifen zu sagen, dass ich ihr Verhalten unmöglich finde. Sie selbst könne jetzt entscheiden, ob sie in diesem kindischen Verhalten bleiben und uns beiden damit den Abend versauen wolle oder ob sie sich mal wie ein erwachsener Mensch benehmen wolle. Sie blieb aber vorerst in ihrem Drama. Erst als die Freundin kam, ich sie ignorierte und sie bemerkte, dass sie keine Bühne mehr bekam, löste sich das Drama auf.

Es ist so spannend, das Schauspiel von außen zu betrachten und zu enttarnen. Aber es ist auch spannend zu sehen, was es für eine Wirkung auf die betreffende Person hat und wie schnell man vom Helden zum Täter wird.

Typisch für weibliche Narzissten ist:

- Es muss sich grundsätzlich immer alles um sie drehen.

- Sie haben wenig bis keine Empathiekompetenz und ihre "Empathiefähigkeit" ist oft "antrainiert", weil sie so wissen, wie sie ihr Gegenüber manipulieren und um den Finger wickeln können.

- Sie drücken oft auf den Mitleidsbutton und präsentieren sich als armes Opfer.

- Sie sind Meisterinnen in der Manipulation und im subtilen Schmeicheln. Kennst du das, wenn eine "Freundin" dir schmeichelt mit Worten wie: "Ich wäre ja so gern wie du ..." Oder: "Ich finde dich so toll, ich bewundere dich ..." Oder auch: "Du machst das so gut, ich wünschte, ich könnte das auch. Sag mal, wie machst du das?" (Damit entlockt sie dir dann wichtige Information, die sie für sich selbst oder gegen dich verwendet.) Beliebt ist auch: "Ich bin ja so dankbar und glücklich, jemanden wie dich kennenlernen zu dürfen." Aber Vorsicht! Achte darauf, was wirklich Komplimente sind und was schon Manipulation.

- Weibliche Narzissten lügen und sind Profis in Intrigen und Machtspielen.

- Sie haben wie die männlichen Narzissten ein verdrehtes Weltbild.

- Sie wittern hinter jedem und allem Konkurrenz, gegen diese gilt es anzukämpfen.

- Weibliche Narzissten leiden unter einem "Verfolgungswahn" und projizieren, beziehen alles auf sich und gegen sich.
- Weiblicher Narzissmus wird im Übrigen viel über den Einsatz des Körpers ausagiert:
- Sex wird als Druckmittel eingesetzt. Wenn du machst, was ich will, dann wirst du belohnt.
- Sex wird gezielt und dosiert eingesetzt, um selbst z. B. Anerkennung zu bekommen.
- Sexualität wird eingesetzt, um andere damit erpressbar und gefügig zu machen.
- Ein weiblicher Narzisst braucht und missbraucht die Sexualität, um den eigenen Selbstwert aufzupolieren.

# 2.

Der klassische Verlauf einer Beziehung mit einem Narzissten

2.

Ich werde hier in anonymisierter Form Teile und Auszüge aus meinem Leben, meinen Erfahrungen und aus den verschiedenen Interviews, für die ich die Erlaubnis habe, wiedergeben. Nach meinen Recherchen zum Buch, nach den vielen Gesprächen, Interviews und auch aus meinen ganz eigenen Erfahrungen kann ich sagen: Die Beziehung oder "der Tanz" mit Menschen, die eine narzisstische Prägung haben, ähnelt sich sehr. Dabei ist es unerheblich, ob es eine Paarbeziehung oder eine geschäftliche Beziehung zum Chef, zu einem Geschäftspartner oder eine Freundschaft ist, alle haben mir von den gleichen Mustern erzählt; manchmal war es sogar derselbe Wortlaut.

Da war z. B. der Chef, der beim Einstellungsgespräch unglaublich charmant und zuvorkommend war und den neuen Mitarbeiter mit den Worten begrüßte: "Herr ..., endlich sind Sie da, wir haben schon so lange auf einen Mitarbeiter mit Ihrem Wissen und Können gewartet. Es wird Zeit, dass bei uns im Unternehmen ein frischer Wind weht. Sie haben meine Rückendeckung und Unterstützung." Wer fühlt sich bei diesen Worten nicht abgeholt, geschmeichelt und freut sich auf den neuen Arbeitgeber? Kaum hatte der Mann jedoch im Unternehmen begonnen, wendete sich das Blatt und er war der Sündenbock für alles, was schieflief, egal, ob es in seinem Verantwortungsbereich lag oder nicht. Es hagelte Abmahnungen, E-Mails, SMS, WhatsApp-Nachrichten Tag und Nacht – und wehe, er antwortete nicht sofort, dann wurde die Situation öffentlich im Intranet angeprangert und es kam jedes Mal zur Eskalation. Wenn er die Situationen klarstellen wollte, schrie und tobte der Chef – und es kam, wie es kommen musste, er bekam noch in der Probezeit die fristlose Kündigung. Für ihn war es nach 5 Monaten Folter die Erlösung, aber er brauchte trotzdem Monate, um sich von dieser Phase seines Lebens zu erholen.

Oder eine Freundin erzählte mir von ihrem Chef, der die ganze Belegschaft in Angst und Schrecken versetzte. Niemand traute sich, krank zu sein, jeder schleppte sich selbst noch so krank ins Büro, um nicht wegen irgendetwas, was sich der Chef zusammenkonstruierte, abgemahnt oder gekündigt zu werden. Die Stimmung war dementsprechend, jeder misstraute jedem, die Angst vor dem Jobverlust oder dem nächsten cholerischen Ausbruch lähmte die Mitarbeiter. Niemand traute sich, vor dem Chef die Firma zu verlassen, und der arbeitete oft bis 22 oder 23 Uhr und erwartete es auch von seinen "Untertanen". Ein Kollege brach im Büro mit einem Herzinfarkt zusammen, eine Kollegin hatte eine verschleppte Lungenentzündung und brach mit hohem Fieber ebenfalls am Arbeitsplatz zusammen. Meine Freundin schleppte sich inzwischen mit Herzrasen und Panikattacken ins Büro, als eines Abends der Chef um 22 Uhr, als die anderen Mitarbeiter bereits zu Hause waren, in ihr Büro kam, die Tür hinter sich schloss und zu ihr sagte: "Wenn dir dein Job lieb ist, dann führst du folgenden Auftrag aus. Wir müssen Personal einsparen und jemand in der Abteilung muss gehen. Du kannst dir aussuchen, wer das ist, und mobbst ihn hier raus. Wenn nicht, dann bist du es, die geht."

Sie ist am nächsten Tag wieder ins Büro gegangen, brach aber mit einer Panikattacke zusammen und suchte eine Ärztin auf. Diese zog sie sofort aus dem Verkehr und schrieb sie krank. Das war der letzte Tag, den sie in diesem Büro verbrachte, denn nach der Krankmeldung bekam sie die Kündigung und sah ihren Chef erst wieder vor dem Arbeitsgericht. Sicherlich fragst du dich, wie das sein kann, dass ein Chef, der solche Intrigen spinnt, Mitarbeiter verheizt usw., in dieser Position sein kann? Weil er nach oben den perfekten Chef und Blender spielt und nach unten tritt.

Lovebombing – der Tanz beginnt

Das Kennenlernen. Die Idealisierungen beginnen, das Drama nimmt seinen Lauf und der Startschuss für den Tanz auf dem Vulkan ist gegeben. Das Muster ist immer wieder dasselbe. Beim Kennenlernen besticht der Narzisst mit Charme, er oder sie zieht die Aufmerksamkeit auf sich. Sie bestechen mit ihrer charismatischen und selbstbewussten Ausstrahlung, treten redegewandt auf und sind scheinbar gute Zuhörer. Zudem sind sie durch ihren Minderwertigkeitskomplex oft sehr ehrgeizig, denn sie müssen dem Umfeld beweisen, dass sie etwas wert sind. Durch diesen Ansporn und Ehrgeiz sind sie häufig erfolgreich, genießen ihre Macht und kosten diese aus.

Sie bestechen durch ihr Auftreten bei jedem Vorstellungsgespräch, bei jedem ersten Date oder auch bei ganz normalen Veranstaltungen, denn sie lieben es, im Mittelpunkt zu stehen und dieses "selbstbewusste" und charismatische Auftreten wirkt sexy und anziehend auf das Gegenüber. Sie überhäufen ihre "Beute" mit Komplimenten, Geschenken, Überraschungen oder Einladungen zu ganz besonderen Konzerten und Events, die der andere schon immer einmal besuchen wollte, denn sie haben ja aufmerksam zugehört. Sie zeigen Interesse an deiner Person und deinem Sein, deinem Job oder was auch immer ... Du fühlst dich endlich gesehen, wahrgenommen, hast das Gefühl, endlich deinen Seelenpartner oder Seelenverwandten getroffen zu haben. In jedem Satz, den du von dir preisgibst, gibst du ihnen die Bedienungsanleitung zu deiner Person und wie er oder sie dich um den Finger wickeln kann. Du bist das Schloss und gibst dem Narzissten gerade den Schlüssel dazu. Der Köder ist ausgeworfen und die Jagdsaison ist eröffnet – mit anderen Worten: Der Tanz mit dem Teufel beginnt.

Meine eigene Erfahrung war auch sehr prägend für mich ... Er suchte für seine Seminare für weibliche Führungskräfte eine Kooperationspartnerin, die mit ihm ein neues Konzept ausarbeitet und umsetzt. Er nahm über Facebook Kontakt mit mir auf, und zwei Tage später telefonierten wir, es war ein schönes und langes Telefonat. Am Ende fragte er mich bereits, ohne dass wir uns gesehen hatten, ob ich mir mehr mit ihm vorstellen könne. Ich sagte nein, denn ich war nicht auf der Suche nach einem Partner, und ich sah den Altersunterschied von 20 Jahren doch auch kritisch.

Aber er ließ nicht mehr locker, schickte mir jeden Tag tausend schöne, wohlklingende Whatsapp-Nachrichten, die mein Herz berührten und ganz tief reingingen. Nach meiner unschönen Trennung von meinem Mann und 1,5 Jahren Singledasein waren diese Worte Balsam für meine Seele. Morgens, wenn ich aufwachte, ging mein erster Blick auf das Handy, ob eine Nachricht von ihm da war, und abends war es mein letzter Blick, bevor ich einschlief ...

Wenn wir telefonierten oder skypten war der Altersunterschied nicht mehr wichtig. Stück für Stück fand er durch seine Worte den Weg zu meinem Herzen und schaffte es, dass ich mich in ihn verliebte, obwohl wir uns noch nicht einmal getroffen hatten. Wenn ich ihm den Link meines Lieblingsliedes auf YouTube sendete, rief er unter Tränen an, wie gerührt er sei, das wäre auch sein Lied und er fände es so unglaublich, dass gerade dieses Lied mein Lieblingslied sei. Das sei doch wieder ein Zeichen unserer Verbundenheit. Immer wenn ich dann auf das Thema Seminar zu sprechen kam, wich er aus, das hätte doch noch Zeit, das könnten wir doch besprechen, wenn wir uns sehen würden usw.

Wenn ich davon berichtete, dass ich gerade an einem Buch schrieb, erzählte er mir, dass auch er bereits ein Buch geschrieben habe, doch es wäre nicht mehr auf dem Markt, weil es vergriffen sei. Ich schaute mir seine Homepage an und war zutiefst beeindruckt, lauter "hochkarätige" Trainer, Coaches und Berater, die für seine Firma tätig waren. Was mich stutzig machte, war, dass seine bereits verstorbene Frau noch mit Bild und Vita als Beraterin und Trainerin auf der Homepage erschien. Doch er hatte eine plausible Ausrede. Wenn er sie löschen würde, dann käme es ihm so vor, als würde sie noch einmal sterben. Das könnte ich doch sicherlich verstehen. Innerlich verstand ich es nicht wirklich, schließlich war sie zu diesem Zeitpunkt bereits seit drei Jahren tot, aber sie spielte für ihn wohl immer noch eine große Rolle und frau hat ja Mitleid mit einem Mann, der bereits so viel Leid hinter sich hat. Eine krebskranke Frau, die verstarb, eine sehr exzentrische und egoistische Exfreundin, unter der er sehr gelitten hat und von der er sich trennen musste. Er dockte völlig bei mir an, ich hatte Mitgefühl für ihn und er schaffte es immer mehr, meinen Schutzwall, den ich um mich herum aufgebaut hatte, einzureißen. Er schaffte es, dass ich mich für ihn öffnete.

Er wohnte mehr als drei Stunden von mir entfernt, aber er wollte mich besuchen. Ich war einverstanden, sagte ihm aber klar, dass wir uns auf neutralem Boden begegnen würden (er hatte gedacht, er könne sofort bei mir auftauchen und mit mir schlafen). Ich gab ihm die Adresse eines Hotels in meiner Nähe, und er ließ mich sehr deutlich spüren, dass er das als Ablehnung und Beleidigung empfand. Aber ich wollte es einfach nicht und sagte ihm deutlich, dass ich es wegen meines Sohnes nicht wolle und auch weil wir uns noch nie begegnet waren. Er schluckte die Kröte, denn er wollte ja ans Ziel.

Als wir uns zum ersten Mal trafen, erzählte er mir von seinen Träumen, wie er mich verwöhnen würde und dass er wieder heiraten würde und mich schon als seine Braut sähe. Mir wurde in diesem Moment übel, aber ich ignorierte mein Gefühl und auch das, was er sagte.

Später lud er mich auf seine Finca auf Mallorca ein – und so nahm das Drama seinen Lauf, obwohl mein Bauchgefühl zuerst NEIN schrie ... Ich dachte mir: 'Was soll's? Ich habe doch nichts zu verlieren, ich bin Single und verletze niemanden, wenn ich mich auf ihn einlasse.' Heute weiß ich, ich habe jemanden verletzt: mich selbst. Ich habe mich verraten ... Ich habe mich am Anfang nicht in ihn, sondern in das Gefühl, das er in mir auslöste, verliebt. Er gab mir das Gefühl, etwas ganz Besonderes zu sein, sagte mir, was für ein Glück ich für ihn bedeuten würde, dass er nach all dem Leid noch so eine tolle Frau wie mich kennen- und lieben lernen dürfe. Der Tanz mit dem Teufel begann und ich wusste nicht, dass ich mich auf den Weg machte, einen Vulkan zu erklimmen, bei dem ich nicht wusste, wann er ausbrechen würde.

Hier ein paar Stimmen ...

"Er war so gebildet, kultiviert und redegewandt, egal welches Thema ich ansprach, er zeigte Interesse und sagte mir, wie toll er es findet, endlich eine Frau gefunden zu haben, die seine Interessen teilt. Ich fühlte mich wie im siebten Himmel, endlich verstanden und angenommen."

"Er war so unheimlich und traumhaft toll, als ich ihn kennenlernte und auch zwischendrin. Oft denke ich, war er wirklich so bösartig? Er konnte doch so wundervoll sein – und dann ... dann hat er mich geschlagen und verprügelt. Für mich passen diese zwei Extreme heute immer noch nicht zusammen. Das Gute und Liebevolle im Menschen kennt man, aber so eine abgrundtief böse Art verdrängt man gerne. Ich denke heute noch, das war ein Selbsterhaltungstrieb, um zu überleben. Darum fällt es mir auch heute noch hin und wieder schwer zu glauben, dass er so böse war."

"Als ich sie kennenlernte, war es, als ob ein Blitz durch mich hindurchfuhr, und ich konnte mir ein Leben ohne sie nicht mehr vorstellen. Als sie mir das auch sagte, fühlte ich mich wie ein König, ich hatte den Jackpot geknackt und die Traumfrau kennengelernt."

"Er hatte so eine selbstbewusste Art und ich fühlte mich sofort zu ihm hingezogen. Ich mochte es, wenn wir ein Restaurant betraten, er dieses weltgewandte Auftreten hatte und die Kellner sofort seinen Anweisungen folgten und ihn beim Namen nannten. Ich fühlte mich wie eine Prinzessin, die ausgeführt wurde. Später wurde mir bewusst, ich wurde nur vorgeführt und war dort eine von vielen Frauen."

"Beim Vorstellungsgespräch war mein Chef unglaublich charmant und charismatisch, er lobte meine Vorzüge, meine besondere Ausbildung und meinen Werdegang und betonte ohne Unterlass, wie glücklich und dankbar sie sich schätzen könnten, dass ich mich beworben hatte und nun an Bord war. Ich fühlte mich geschmeichelt und gebauchpinselt und sagte sofort zu. Auf dem Nachhauseweg machte sich in mir ein ungutes Gefühl breit, ich ignorierte es und unterschrieb den Arbeitsvertrag. Das war meine Unterschrift in das Vorzimmer zur Hölle."

"Ich traf ihn nach vielen Jahren wieder, er war der Vater eines Klassenkameraden meines Sohnes. Hier und da gab es einen Like oder Kommentar auf Facebook und er zeigte deutlich, dass er Single war und geschieden. Wir verabredeten uns auf ein Glas Wein und interessante Gespräche. Er zeigte immer mehr Interesse an mir und meiner Tätigkeit als Sängerin und begleitete mich auch auf meine Konzerte, ich verliebte mich und wir schwebten im siebten Himmel. Er erzählte mir, dass die Exfrau ihn während der Ehe mehrmals betrogen habe und er sich beim letzten Mal endgültig getrennt habe. Das sei auch der Grund dafür, warum er keinen Kontakt mehr zu ihr pflegen würde. Ich glaubte das, warum sollte ich das auch in Frage stellen? Da es bei uns so gut lief, suchten wir eine gemeinsame Wohnung, in der dann auch seine Söhne nicht nur an den Wochenenden Platz hatten. Ich fühlte mich angekommen und verstanden, deshalb verkaufte ich meine Eigentumswohnung und 'wir' kauften ein gemeinsames Haus, dass 'wir' renovierten und umbauten. Fast mein ganzes Geld steckte ich in dieses Haus. Obwohl wir erst kurz zusammen waren, glaubte ich fest an eine gemeinsame Zukunft."

"Beim Vorstellungsgespräch zeigte sich der neue Mitarbeiter sehr redegewandt, er hatte sich wohl vorher informiert und war gut vorbereitet. Er kam auf Empfehlung eines Mitarbeiters. Ich war begeistert von ihm, von seinen Ideen und Kontakten, die er mit in die Firma einbrachte. Er war ein gestandener Manager und hatte Anteile in anderen Unternehmensberatungen. Ich fühlte mich geehrt, dass so ein 'Hochkaräter' bei mir in meiner kleinen Beratungsfirma anfangen wollte. Meine rechte Hand forderte ein Bewerbungsschreiben und auch Zeugnisse, um zu sehen, ob alles seine Berechtigung hatte. Ich bat den Mann, die Bewerbungsunterlagen bis zum nächsten Gespräch mitzubringen, aber beim nächsten Treffen hatte er sie "leider zu Hause vergessen". Ich war aber von den Gesprächen beeindruckt, er hatte sofort einen Draht zu mir gefunden und ich sagte ihm auch direkt einen Arbeitsvertrag zu seinen Bedingungen zu. Er erzählte mir von seinen Erfolgen, von seinem Haus und seinen Kindern, die in England, Süddeutschland usw. studierten. Er teilte mein Interesse für Oldtimer und sagte, wie froh er doch wäre, noch einmal sein Wissen und Können einem kleinen Start-up-Unternehmen zukommen zu lassen, um dort beim Aufbau zu helfen.

Meine Sekretärin forderte wieder die Unterlagen an und war mit den Vertragsbedingungen nicht einverstanden. Ich putzte sie sogar noch runter, dass sie sich nicht in meine Entscheidungen einmischen solle. Der Bewerber käme schließlich auf Empfehlung des einen Mitarbeiters, der alles 200-prozentig und nie einen Fehler macht. Also fertigte sie den Arbeitsvertrag an, doch die geforderten Zeugnisse lieferte er nie nach.

Am ersten Arbeitstag stellte sich bereits heraus, dass er das Wissen und Können für die Stelle nicht hatte; er hatte keine Ahnung. Die angepriesenen Kontakte und Datenbanken, die er mit in die Firma bringen und für die Firma zugänglich machen wollte, waren nicht in seinem Zuständigkeits- und Berechtigungsbereich. Mit anderen Worten, ich war einem grenzenlosen Blender auf den Leim gegangen. Nun hatte ich gegen den Willen meiner Sekretärin auch auf die Probezeit verzichtet und eine dreimonatige Kündigungsfrist vereinbart. Die Zusammenarbeit erwies sich als äußerst schwierig, denn es stellten sich jeden Tag neue Wissenslücken, Defizite, Ungereimtheiten und Lügen heraus. Er dachte, er könne sich die Zeit frei einteilen und mir als Chef mitteilen, wann er in das Office käme (z. B. um den Geburtstag seiner Mutter zu feiern). Ich konnte ihn ja leider nicht schon in den ersten Wochen kündigen, also versuchte ich es mit Plan B. Ich versuchte, mit ihm andere Beratungstätigkeiten im Interimsbereich abzudecken. Aber vergebens, er konnte weder richtig mit einem Computer umgehen noch viel mehr; er stellte sich bei allem quer und dumm, so dass ich ihm dann doch die Kündigung aussprechen musste.

Nun drehte er den Spieß um, jetzt war ich der böse Chef und er das Opfer. Plötzlich war er nicht mehr der Macher und der mit der dicken Hose, sondern hatte Schulden, ein kaputtes Auto ... Er warf mir vor, ich würde einen armen Vater von drei Kindern vor die Tür setzen. Der Blender war enttarnt – und nun kam die

Mitleidsnummer. Mich kostete diese Geschichte meine Lebensversicherung, die ich für diesen Narzissten und diese Erfahrung kündigen musste, um ihn ein paar Monate durchzufüttern."

Wie du siehst, gibt es nicht nur in Beziehungen Narzissten und Blender, die dich "besoffen schmusen", dich mit Komplimenten und Geschichten um den Finger wickeln, die dir zuhören, um danach genau zu wissen, was du hören möchtest. Du bekommst immer die richtige Dosis an narzisstischer Zufuhr, die du selbst gerade benötigst.

Die ersten Krisen, die Fassade bröckelt

Der erste Ärger, es kommt zum Streit und Dr. Jekyll und Mr. Hyde zeigen sich. Der Tanz wird holprig, man erkennt bereits, dass der Narzisst hier und da durchblitzt, will es aber nicht wahrhaben. Mr. oder Mrs. Märchenprinz kann doch nicht vom Sockel fallen, die Beleidigung hat er oder sie bestimmt nicht so gemeint. Entwertungen, Erniedrigungen, Demütigungen sind hier und da schon zu spüren ... Doch die rosa Brille will man noch nicht abnehmen.

Ich kann mich noch sehr gut an die Anfangsphase erinnern. Dadurch, dass wir räumlich fast 3,5 Stunden Autofahrt voneinander getrennt wohnten, besuchte immer einer den anderen. Da ich mit meiner Arbeit örtlich gebunden war, besuchte er mich öfters. Bei mir war immer mein Kühlschrank voll, da ich einen 19-jährigen Sohn zu Hause hatte und er auch immer Kumpel mitbrachte. Am Anfang fand er meinen Sohn und seine Freunde toll, doch plötzlich wendete sich das Blatt. Es kamen immer wieder spitze Bemerkungen über meinen Sohn und seine Freunde, es wären Schmarotzer, die sich bei mir durchfressen würden, und ich würde das nur nicht sehen. Mein Kind und seine Freunde waren bei mir immer willkommen, sie durften immer bei uns schlafen, essen und duschen. Doch genau das war ihm ein Dorn im Auge, er meinte, sie seien mir wichtiger als er.

Doch es sollte an diesem Wochenende noch viel dicker kommen. Ich hatte Geburtstag und lud meine Freundinnen und Freunde ein. Ich war es von früher so gewohnt, dass das Geburtstagskind sich um die Gäste kümmert, während der Partner die Bewirtung übernimmt und mir den Rücken freihält. Das war auch so vereinbart gewesen. Meine Gäste trudelten ein, er begrüßte meine Freundinnen überschwänglich und umarmte sie, dass es mir fast unangenehm und peinlich war – und ich konnte an den Gesichtern meiner Freunde ablesen, dass es sich für sie auch ungut anfühlte. Am Anfang gab er sich noch Mühe, doch dann führte er mich immer mehr und mehr bei meinen Gästen vor, bis ich stopp sagte.

Meine Freundinnen und ich wollten wie früher einen Mädelsabend vereinbaren zu einer Zeit, die unsere vereinbarte "Paarzeit" nicht beeinträchtigte. Plötzlich sagte er, dass er aber an genau diesem Wochenende da wäre – und das mit einer Selbstverständlichkeit, dass meine Freunde glaubten, ich hätte das nur vergessen und ihn übergangen. Da er sich ungefragt über meine Planung und meine Zeit hinwegsetzte und es sich nur um einen Abend handelte, sagte ich: "Du, kein Thema, dann bekommst du einen Schlüssel und kannst in meine Wohnung. Ich komme dann nach meinem Mädelsabend."

Es war unglaublich, er schwirrte ab in die Küche, giftete meinen besten Freund an, so dass dieser sofort meine Feier verließ. Dann putzte er mich in der Küche plötzlich runter, natürlich ohne Publikum. Meine Freunde sprachen mich an, die einen meinten, ich würde herzlos mit ihm umgehen, da er doch am Wochenende extra zu mir fahren würde. Die anderen meinten, wir sollten das Treffen einfach verschieben, wenn er schon extra komme. Zack, da hatte ich es – er hatte es geschafft, es so hinzudrehen, als ob ich das Wochenende verwechselt hätte und egoistisch mein Ding machen wollte. Dabei war es so, dass er sie manipulierte, mir meinen Mädelsabend nicht gönnen konnte und ihn mit allen Mitteln zu verhindern wusste.

Als meine Freunde gegangen waren, ging der Terror erst richtig los. Er wisse nicht, ob das mit uns so passen würde, jemand so egoistischen hätte er noch nie kennengelernt. Er brauche jetzt erst einmal Abstand, um darüber nachzudenken. Damit packte er seinen Koffer und wollte nach Hause. Dann fuhr er los und ließ mich nicht nur mit meiner unaufgeräumten "Partywohnung", sondern zur Strafe auch an meinem Geburtstag allein. Er ließ mich verdutzt und ungläubig ob der Dinge, die gerade geschehen waren, einfach so stehen.

Die nächsten Tage waren von Eiseskälte und Gemeinheiten geprägt. Es fühlte sich für mich so schlimm an. Ich verstand die Welt nicht mehr, wusste nicht, was da gerade alles passiert war. Meine Freunde waren manipuliert und instrumentalisiert worden, sie sind seiner Lüge auf den Leim gegangen und ich wurde als unglaubwürdig und herzlos hingestellt. Das perfide Spiel mit den "Flying Monkeys", den unbewussten Helfern eines Narzissten. Er wollte über meine Zeit bestimmen, wann und mit wem ich weggehe - oder genau das verhindern. Er wollte die Kontrolle über meine Zeit übernehmen - und als ich das nicht zulassen wollte, wurde der Spieß umgedreht, mir die Schuld zugewiesen und mit Trennung gedroht, ich wurde mit Liebesentzug bestraft. Ich verstand die Welt nicht mehr und durfte feststellen, dass das erst der Anfang war.

In den Interviews haben mir meine Gesprächspartner fast identische Geschichten erzählt. Von einer Sekunde auf die andere war der Traummann zum Horrormann oder die Traumfrau zur Furie mutiert. Der Schock sitzt tief und erschüttert bis ins Mark. Hier beginnt die Phase, in der viele ihre eigenen Bedürfnisse zum Wohle der Beziehung hintanstellen, Beleidigungen und Abwertungen werden noch als Ausrutscher gesehen und abgewertet. Der Narzisst hat das Interesse an dir bereits verloren oder sieht dich schon als seinen Besitz an und braucht sich daher nicht mehr anzustrengen. Er braucht seine tägliche Dosis an narzisstischer Zufuhr - und wenn er die nicht mehr ausreichend bekommt, muss er sich eine neue Bühne suchen, zum Teil auch parallel, das bedeutet, er/sie geht fremd und sucht sich so die Bestätigung.

Die schleichende Isolation bis zur völligen Abschottung

Bei genauer Betrachtung haben Narzissten selbst oft keine wahren Freunde oder einen richtigen Freundeskreis. Sie erzählen dir am Anfang, dass es durch den Beruf gar nicht möglich war, einen Freundeskreis zu pflegen, oder die/der böse Expartner hat den "Freundeskreis" mitgenommen usw. Es klingt plausibel, was dir erzählt wird. Wieso solltest du es auch nicht glauben? Er/sie beteuert dir, wie wichtig ein guter Freundeskreis ist und dass er/sie sich freut, deine Freunde kennenzulernen, und du freust dich natürlich darauf, deinen neuen Schatz allen vorzustellen.

Bereits beim ersten Treffen ist er entweder charmant oder lässt bereits hier und da durch gezielte Sticheleien sein wahres ICH durchblitzen. Er/sie drängt sich in den Mittelpunkt, und schafft er/sie es nicht, wird es schnell ungemütlich, denn die Überheblichkeiten und Peinlichkeiten nehmen zu. Du erkennst deinen Partner/Partnerin nicht mehr wieder, Fremdschämen ist angesagt.

Die andere Variante zeigt sich spätestens, wenn die Gäste gegangen sind oder ihr auf dem Nachhauseweg seid, dann geht das Drama los. "Deine Freunde sind aber komisch, wie die mich angesehen haben, das sind doch keine wirklichen Freunde. Das ist doch nicht dein Ernst, dass du mit diesen Leuten abhängst, dir hätte ich mehr zugetraut." Deine Freunde und dein Freundeskreis werden schlecht geredet und runtergeputzt. Du fühlst dich schlecht, kannst es gar nicht verstehen und versuchst, dich und deine Freunde zu verteidigen – was ihn aber nur noch mehr gegen die Freunde aufbringt, und plötzlich befindest du dich zwischen zwei Stühlen.

Deine besten Freundinnen werden zuerst ausgehorcht, ausspioniert und dann gegen dich aufgehetzt. Du wirst ausgefragt, was ihr so zu reden habt, er/sie will wissen, ob und was ihr über sie/ihn geredet habt. Habt ihr über sie/ihn geredet, kommt: "Wusste ich es doch, dass ihr über mich herzieht und sie mich schlecht machen bei dir. Die treiben es noch so weit, dass wir uns trennen." Wenn du dann sagst: "Nein, du warst nicht unser Thema ...", dann ist ebenfalls alles verloren, denn dann fühlt er/sie sich nicht wahrgenommen. Er ist scheinbar nicht wichtig genug oder erwähnenswert. Wie du siehst: Du kannst nur verlieren und es nie recht machen.

Der Beginn einer On-Off-Beziehung

Während in der Abwertungsphase der Tanz noch holprig war, kommt es jetzt zu Turbulenzen und Ausbrüchen in ungeahntem Ausmaß, zu Nähe und Distanz. Die Katze ist im Sack, der Partner/die Partnerin wird inzwischen als Objekt betrachtet und die suchtartige Entwertung gibt dem Narzissten das Gefühl von Macht. Er weiß, dass er die Beziehung jederzeit wie einen Lichtschalter an- und ausschalten kann. Ich werfe dich weg, aber lass dich nicht los ... Ich bestimme den Takt und du tanzt nach meinem Willen, ich habe die Kontrolle und Macht über dich und über unsere Beziehung.

Die unkontrollierten Wutausbrüche und Drohungen, die Beziehung zu beenden, nehmen zu. Die Entwertungen und Erniedrigungen werden stärker, doch die "Nicht-wahrhaben-wollen-Phase" macht es nicht besser. Die Gefühle, die am Anfang da waren, können doch nicht alle falsch gewesen sein, er/sie ist doch mein Seelenpartner, den ich nicht verlieren möchte, die Harmonie kommt bestimmt wieder zurück, ich muss mich nur noch etwas mehr anstrengen ... Man liebt die Version eines Menschen, den es so gar nicht gibt, und man liebt dieses Gefühl, das dieser Mensch am Anfang der Beziehung in einem ausgelöst hat und das oft mit Liebe verwechselt wird.

Was ein Narzisst nicht ertragen kann, ist, nicht Recht zu haben und verlassen zu werden. Das kann er nicht dulden, das ist Majestätsbeleidigung und er wird entweder Rache üben, denn niemand verlässt einen Narzissten ungestraft, oder er wird alles daransetzten, sein Objekt oder Opfer zurückzugewinnen. Oft akzeptiert er die Trennung auch einfach nicht oder ignoriert sie, indem er z. B. nicht aus der gemeinsamen Wohnung auszieht, das gemeinsame Bett nicht verlässt oder nach außen hin die Fassade einer intakten Beziehung aufrechterhält.

"In einem Streit warf er mir den Verlobungsring vor die Füße in den Dreck, ich hob ihn auf und sagte: 'Mach das nicht, für mich hat der Ring eine Bedeutung und wenn du ihn wegwirfst, wirfst du die Beziehung weg.' Er meinte nur süffisant: 'Dann nimm ihn für einen deiner Nächsten.'"

"Ich hatte mich so sehr in sie verliebt und verließ meine langjährige Freundin, um mit ihr ein neues Leben zu beginnen. Dann ließ sie mich fallen wie eine heiße Kartoffel und meinte, das wäre wohl mein Fehler gewesen, die Freundin zu verlassen, sie hätte es nicht von mir verlangt. Trotz dieser Gemeinheiten tat ich alles, wirklich alles, um sie zurückzugewinnen, machte ihr die teuersten Geschenke. Ich wollte nicht mehr ohne sie leben. Ich verriet meine Werte und mich, nur um sie zurückzubekommen. Als sie nach mehrmaligem Hin- und Her endgültig ging, war nicht nur mein Konto leer, sondern ich war auch ein emotionales und körperliches Wrack."

"Er war mein Traummann und hat meine Wünsche und Träume genährt, mir alles versprochen, bis ich mich in ihn verliebte. Und dann, puff, als ob es einen Knall gegeben hätte, war er nur noch ein frustrierter, aggressiver Mensch, der mich bei jeder Gelegenheit beleidigte, wenn er auch oft so tat, als wäre es Spaß und ein Scherz. Er behandelte mich respektlos und gab mir das Gefühl, nicht wichtig zu sein."

Hoovering

Anziehen, wegwerfen ... Der Tanz geht weiter, Nähe, Anziehung ... Ich bestimme die Spielregeln, ich bestimme den Takt, sagt der Narzisst.

Hoovering ist inzwischen ein gängiger Begriff im Zusammenhang mit Narzissmus. Der Ausdruck stammt im Übrigen aus dem Englischen. In England gibt es einen Hersteller von Haushaltsgeräten mit dem Namen "Hoover" und diese produzieren unter anderem Staubsauger. Hoover ist dort der Überbegriff für Staubsauger, so wie bei uns etwa Tempo statt Taschentücher gesagt wird. Deshalb spricht man in England nicht von "staubsaugen", sondern von "hoovering". Im übertragenen Sinne "hoovert" der Narzisst seine Opfer, er lässt sie nicht los, saugt sie immer wieder und wieder an.

"Ich wusste nicht mehr, wo mir der Kopf stand. Ich habe Freunden kaum noch von unserem Kontakt erzählt, weil niemand verstehen konnte, dass ich nicht von ihm loskam, mich immer wieder mit ihm traf, mich wieder und wieder auf ihn einließ. Mein Verstand wusste, dass es falsch war, und trotzdem bin ich immer wieder ins offene Messer gerannt. Dafür habe ich mich geschämt und gehasst."

Du hast es geschafft, dich endlich zu trennen, dein Herz blutet noch und doch kann es der Narzisst nicht hinnehmen, nicht akzeptieren. Und dich loslassen kann er schon gar nicht. Du zuckst bei jeder Nachricht von ihm zusammen, du vermisst ihn, schaust wie ein Junkie auf dein Handy – und da sind sie, die Nachrichten, die dich sofort emotional aufwühlen. Der Narzisst weiß genau, was er tut, und er macht es mit voller Berechnung. Er ist ein Meister der Manipulation.

Du erhältst ständig Nachrichten wie: "Ich sitze gerade in unserem Restaurant und denke an dich." "Gerade läuft im Radio unser Lied, ich vermisse unsere schöne Zeit." Er steht mit einem Blumenstrauß vor deiner Tür und du hörst Worte wie: "Es tut mir so leid, alles in mir wollte zu dir. Bitte verzeih mir, ich war so ein Idiot, du hast es verdient, glücklich zu sein ..."

Er/sie kauft dir Karten für ein Konzert, zu dem du immer schon einmal wolltest. Natürlich sind es zwei Karten - mit der Erwartungshaltung, mitgenommen zu werden und wieder Zeit mit dir verbringen zu können.

Es wird der Link zu einem Kinofilm geschickt, den du immer schon sehen wolltest. Er wollte bisher nie mit, aber jetzt möchte er endlich mit dir dorthin.

Es folgt eine Einladung zu einem Wellnesswochenende in deinem Lieblingshotel, und du kannst es fast nicht abschlagen, weil du so fertig bist und einfach mal abschalten möchtest. Er verspricht, zusammen mit dir zu reisen - und in der Tat ist er dort auch wieder Prinz Charming.

Das alles ist hoch manipulativ und dient nur einem Zeck, dich zurückzuerobern und dich nur weiter an ihn zu binden. Hoovering eben: ansaugen - aufsaugen - einsaugen - besitzen.

Flying Monkeys

Flying Monkeys (fliegende Affen) ist ein weiterer Begriff, der im Zusammenhang mit Narzissmus gebraucht wird. Freunde, Bekannte, Arbeitskollegen oder auch Vorgesetzte werden infiziert, infiltriert und instrumentalisiert ... für die Zwecke des Narzissten. Schleichend und oft unbemerkt. Es kann zum Beispiel sein, dass der Kontakt über diese Person aufrechterhalten wird, um "Grüße" auszurichten und um zu wissen, wo der Expartner sich aufhält; es geht nur darum, die Kontrolle nicht zu verlieren und gegebenenfalls wieder auf der Bildfläche erscheinen zu können, bevor sich das Opfer neu verliebt. Auch die sozialen Netzwerke wie Facebook, Instagram und Co. haben ebenso diese Funktion, um sich immer wieder durch Likes oder Kommentare in Erinnerung zu bringen. Dies ist übrigens auch eine Phase des "Hooverings", die Manipulationstechniken sind schleichend und übergreifend.

Doch im Grunde sind Flying Monkeys nicht anderes als weitere manipulierte Menschen im Umfeld des Narzissten. Oft werden sie auch als Bewunderer oder Fans bezeichnet. Doch kann jemand, der unmerklich selbst manipuliert wurde, auch wenn er/sie es im guten Glauben tut, wirklich als Fan bezeichnet werden? Der Narzisst macht ihnen glaubwürdig klar, was er von ihnen braucht, wie er sich die "Freundschaft" vorstellt – und dazu behandelt er seine "Flying Monkeys" wirklich wie Affen, die liebevoll gefüttert werden, mit wohldosierter Information, Zuwendung und Aufmerksamkeit. Dabei ist der Narzisst immer darauf bedacht, dass er selbst gut dasteht oder selbst das arme Opfer von Intrigen, Betrug oder Gemeinheiten ist.

Flying Monkeys sind ja keine schlechten oder doofen Menschen, im Gegenteil, sie sind oft sehr empathisch, mitfühlend und stehen für ihre Mitmenschen und für Gerechtigkeit ein.

Doch sobald sie das Spiel und die Lügen durchschaut haben und sich nicht mehr länger instrumentalisieren lassen, dann werden sie aus dem persönlichen Dunstkreis des Narzissten entfernt. Wie so vieles, das für ihre Ziele nicht mehr nützlich oder dienlich ist, werden sie weggeworfen und fallen gelassen. Nicht jedoch, ohne dass auch hier noch nachgetreten wird, indem z. B. Lügen und verfälschte Wahrheiten verbreitet werden, die anderen werden "aufgeklärt" über die Person. Man muss sich ja rechtfertigen, warum die Person plötzlich nicht mehr im Dunst- und Befürworterkreis ist.

In einer Beziehung kann das die beste Freundin oder der Freund sein, bei dem du dich ausheulen willst, weil du gerade wieder einem Wutanfall oder einem Eifersuchtsanfall hattest. Oder du warst wieder einer Demütigung und Erniedrigung ausgesetzt. Doch plötzlich hörst du Sätze wie: "Komm, stell dich nicht so an, er ist doch so ein toller Mann, ich kann mir das gar nicht vorstellen. Er ist doch sonst nie so, stell dich nicht so an."

Die Wut und das Lügen

Die Wut eines Narzissten ist unberechenbar. Es ist wirklich so, dass du in dem einen Moment im Schein des Sonnenuntergangs mit ihm am Rande eines Vulkans tanzt – und nur auf einen Kieselstein treten musst, um den Vulkan zum Ausbruch zu bringen. Es reicht manchmal nur ein Blick, die fehlende Aufmerksamkeit und Bewunderung für ihn, seine Arbeit, seinen Witz, der nicht witzig war, oder es ist ein Kleidungsstück, das er nicht passend findet.

"Es reichte schon eine kleine Bemerkung, ein Like, ein Kommentar oder ein Herzchen auf Facebook, um mich seiner verbalen Angriffe, seiner Eifersucht und seiner Wut auszusetzen."

"Es macht mir sehr zu schaffen, dass er bei jeder Kleinigkeit, egal, ob es ein Wort ist oder eine Geste, die ihm nicht passt, extrem empfindlich und oft auch übertrieben aggressiv in Wort und Ton reagiert. Ich muss bei allem, was ich sage oder tue, extrem aufpassen, dass die Stimmung nicht sofort kippt und sich bei ihm wieder ein Hebel im Gehirn umlegt und es zum Streit kommt. Oft kann ich die Gründe überhaupt nicht nachvollziehen. Ich bin der Meinung, ich biete schon kaum noch Angriffsfläche, aber er findet immer etwas. Und das kommt dann plötzlich, von einer auf die andere Minute, wie aus dem Nichts. Und dann extrem heftig. Das war bis vor ein paar Wochen noch nicht so schlimm, aber ich habe das Gefühl, es wird immer schlimmer. Ich habe ihm das auch schon gesagt. Das ist so anstrengend und oft sehr verletzend."

Gaslighting und Machtspiele

Als Gaslighting wird eine weitere Manipulationstechnik des Narzissten bezeichnet. Der Name geht auf einen Film aus den 1940er Jahren zurück, für den Ingrid Bergmann 1945 einen Oscar als die beste Hauptdarstellerin erhielt. Sie verkörperte eine junge Frau, die nach ihrer Hochzeit in das Haus ihrer ermordeten Tante zieht. Stück für Stück wird sie von ihrem Ehemann mit Lügen, Manipulation und auch Täuschungen an den Rand des Wahnsinns getrieben und ihre Glaubwürdigkeit nach außen wird untergraben. Schritte auf dem Dachboden, verschwundene Gegenstände, die sich plötzlich wiederfinden, und das flackernde Gaslicht waren nur einige der Mittel und Manipulationstechniken, um ihre Sinneswahrnehmungen zu schwächen und sie an den Rand des Wahnsinns zu treiben, so dass sie selbst an ihrem Verstand zweifelte. Daher stammt der Begriff "Gaslighting" im Zusammenhang mit Narzissmus. Der Narzisst versucht, andere von ihrer "Vergesslichkeit" oder "Schusseligkeit" zu überzeugen, um die Glaubwürdigkeit der Partner herabzusetzen, sie als labil hinzustellen und sich gleichzeitig als "Retter" zu präsentieren.

Ich kann mich an einige Situationen erinnern, die der Narzisst in meinem Leben in der Öffentlichkeit erzählte, einfach so, obwohl sie nicht stimmten. Auf die Frage hin, wie wir uns kennengelernt hätten, antwortete er, ich wäre auf ihn zugegangen und hätte ihn um einen Job gebeten. Im ersten Moment lachte ich und sagte, nein, er habe mich angeschrieben, weil er einen weiblichen Coach für seine Seminare suchte. Dann streichelte er mir über den Kopf, schaute mich mit einem messerscharfen Blick (unbemerkt von den anderen) an und sagte mit einer zuckersüßen Stimme: "Ich bin zwar der Ältere von uns beiden, aber anscheinend hat Alter nichts mit Vergesslichkeit zu tun, mein Kleines. Oder du verwechselst mich mit einem deiner anderen Typen." Dann drehte er sich lachend zu den anderen um, nachdem er mich bloßgestellt und vorgeführt hatte. Ich saß sprachlos da, er log schamlos und stellte mich noch als eine Frau hin, die ständig wechselnde Partner hatte. Er log, erniedrigte mich und als ich ihn auf dem Nachhauseweg zur Rede stellte, kamen Sprüche wie: "Schatz, das bildest du dir nur ein. So etwas habe ich nie gesagt, so etwas würde ich doch nie sagen. Ich glaube, du hast heute zu viel getrunken, ich muss wohl besser auf dich aufpassen."

Eine Klientin berichtete, dass sie von einer Nachbarin angesprochen wurde, ob ihr Ehemann nicht mehr bei der Firma XY arbeiten würde, sie hätte ihn seit Tagen immer um die gleiche Zeit in einem Café am anderen Ende der Stadt gesehen, ganz in der Nähe ihres Arbeitsplatzes. Als der Mann nach Hause kam, sprach sie ihn ganz unbedarft darauf an. Er zuckte zusammen und drehte den Spieß um: "Das kann ja gar nicht sein. Glaubst du der Nachbarin mehr als mir? Sie muss mich verwechseln, du glaubst doch so einen Unsinn nicht? Du vertraust mir nicht mehr! Aber wie soll ich mit einer Frau zusammen sein, die mir nicht vertraut? Die mich als Lügner hinstellt und der Nachbarin mehr Glauben schenkt als mir. Die will doch nur einen Keil zwischen uns treiben." Sie zweifelte plötzlich an der Aussage ihrer Nachbarin, sie entschuldigte sich bei ihm und sagte, wie leid es ihr tue, doch innerlich wusste sie, dass die Nachbarin recht hatte. Also ging sie ein paar Tage später zu diesem Café und er saß tatsächlich mit einer Zeitung und einem Laptop dort. Als er sie erblickte, sprang er auf, schrie sie an, ob sie in jetzt kontrollieren wolle, sie hätte einen Kontrollzwang, das wäre ja Stalking, psychische Folter, was sie da betreibe. Ohne Vertrauen habe die Beziehung sowieso keinen Sinn mehr. Er stieß sie zur Seite, dass sie stolperte und hinfiel, und rannte aus dem Café. Ein Kellner half ihr auf und sagte, dass er ihn noch nie so gesehen hätte, obwohl er seit Monaten bereits täglich hier wäre. Sie bezahlte die Rechnung und lief wie betäubt nach Hause. Das war das erste Mal, dass er handgreiflich wurde und sie gestoßen hatte.

Nach einer Stunde tauchte er in der Wohnung auf und sagte zu ihr: "Ich verzeihe dir, wenn du das nie wieder machst." Sie entschuldigte sich sogar noch bei ihm und bedankte sich für sein "Verständnis", nur damit er sie nicht verließ. So weit hatte er sie bereits gefügig gemacht. In Wahrheit war er seit Monaten arbeitslos, weil er auch dort als Blender aufgeflogen war und ihr nur "verzieh", weil er weder Geld noch Unterkunftsmöglichkeiten hatte. Die Wohnung gehörte ihr und er lebte seit Monaten auf ihre Kosten. Doch das wollte sie zu diesem Zeitpunkt noch nicht wahrhaben.

Permanente Drohungen, Schuldzuweisungen, Manipulationen und Machtspiele sind wie Giftinjektionen, um nur einige Beispiele des Vernichtungsmechanismus eines Narzissten zu nennen. Dies kann einen selbst so sehr verunsichern, dass man sich selbst, seiner eigenen Wahrnehmung nicht mehr traut und sogar an seinem Verstand oder den Erinnerungen zweifelt. Das Ganze kann wie ein schleichendes Gift Stück für Stück eingeimpft werden, und am Ende entschuldigt man sich für Dinge, die nie geschehen sind, die nur in der Phantasie des Narzissten stattgefunden haben, weil er sogar seine eigenen Lügen glaubt und das Gefühl der Macht braucht. Das gibt ihm seine nötige narzisstische Zufuhr, denn auch die negative Zufuhr der Unterdrückung nährt sein krankes Ich.

Die Trennung

Wenn die Beziehung bereits das Vorzimmer zur Hölle war, dann ist die Trennung die Hölle selbst. Gerade diese Beziehungshölle kann besonders in der Trennungsphase noch zusätzlich eskalieren.

"Als ich mich entschlossen hatte, ihn zu verlassen und mit meiner Tochter und unserem Sohn auszuziehen, hatte ich unglaubliche Angst. Ich wusste mir nicht zu helfen und bin zur Polizei gegangen. Er war dort kein unbeschriebenes Blatt. Ich brauchte ein wenig Sicherheit und habe mir dort Rat geholt, welche Rechte ich habe. Ich habe von meinem Plan, mich zu trennen, erzählt, aber auch von meiner Angst und dass ich zu diesem Zeitpunkt unter häuslicher Gewalt litt. Sie machten sich eine Aktennotiz, somit war das für alle Fälle schon einmal registriert und vermerkt. Das gab mir Sicherheit und die Stabilität, die ich so dringend brauchte. Mein Glück war, dass ich am Ende die Polizei gar nicht rufen musste, aber ich hatte ein sichereres Gefühl. Nervlich war ich fix und fertig, ich hatte niemanden, dem ich mich anvertrauen konnte, und wusste nicht, wo ich hin sollte. Ich zitterte am ganzen Körper und plante im Hintergrund schon alles auf Hochtouren. Schlafen konnte ich seit Monaten nicht mehr – der Dauerstress und die Angst ... ich stand Tag und Nacht unter Strom. Als der Tag des Auszuges und der Trennung kam, traute ich mich nicht mehr zu atmen, und als ich weg war, mit den Kindern in Sicherheit, bin ich erst einmal zusammengebrochen."

"Die Trennung ging nur mit Hilfe der Polizei, die ich gerufen hatte. Er zeigte mich wegen eines Vorwands an. Ich hatte eine solche Angst, seine Familie und ihn im Gericht zu sehen. Mir war seit Tagen schwindelig und mein Magen drehte sich. Ich musste immer wieder erbrechen. Es war einfach zu viel, auch dass er die Kinder manipulierte und versuchte, sie mit seinen Lügen auf seine Seite zu ziehen. Ich wollte einfach nicht mehr und konnte nicht mehr. Ich wusste nicht mehr, wie es weitergehen sollte. Wären meine Kinder nicht gewesen, ich hätte meinem Leben ein Ende gesetzt."

"Er hat Falschaussagen gegen mich getätigt, Rufmord betrieben und mir gedroht, dass er mich in den nächsten Jahren im Blick behalten wird. Er hatte dafür gesorgt, dass mir nichts mehr bleibt außer Schulden, wenn er geht. Und als er endlich weg war, forderte er immer noch Geld von mir, obwohl ich nichts mehr hatte. Er drohte mir - und ehrlich gesagt habe ich Angst, dass er sich rächen will. Er hatte sich mit dem endgültigen Auszug extra noch paar Monate Zeit gelassen, bis er sein Zeug abgeholt hatte, so dass ich weiterhin seinen Schikanen ausgesetzt war. Er gab mir meinen Schlüssel nicht zurück, weil er ja jederzeit Zugang zu seinen Sachen brauchte, die er abholen wollte. In Wirklichkeit wollte er nur die Kontrolle und Macht behalten."

Das Nichtwahrhabenwollen, Stalking, digitale Gewalt, Bedrohung, Verleumdung etc. sind gängige Methoden eines Narzissten: der **Vernichtungsmechanismus**. Der Wunsch nach Rache kommt zeitversetzt immer wieder hoch.

"Ich mach dich fertig, ich zerstör dich, du wirst keinen Fuß mehr auf den Boden kriegen. Ich sorge dafür, dass du hier wegziehst, dass du hier mit niemandem mehr reden oder eine Freundschaft pflegen kannst."

Sie denunzieren und zeigen einen oft anonym an. Die Polizei muss dem nachgehen, und man selbst ist in der Beweispflicht, diese Lügen aus der Welt zu schaffen. Die Narzissten selbst entziehen sich den Konflikten und können so von außen wieder weiter agieren und zerstören. "Menschenopfer" in Form von emotionaler, finanzieller und existenzieller Vernichtung sind keine Seltenheit.

"Du bist unglücklich in der Beziehung? Na, dann siehst du doch, dass du das Problem bist. Ich kann dir ja nichts recht machen. Ich wollte dich doch nur glücklich machen. Egal, was ich mache, egal, wie sehr ich mich anstrenge, es ist nie genug für dich!"

Emotionaler und narzisstischer Missbrauch in Beziehungen – typische Szenarien

Nachdem ich meinen ersten Blogartikel über meine eigene Erfahrung, meinen eigenen narzisstischen Missbrauch, geschrieben hatte, erreichten mich sehr viele persönliche Nachrichten. Mir schrieben fremde Menschen, egal ob Männer oder Frauen, die mir berichteten, wie dankbar sie sind, dass endlich jemand den Mut hat und mit seiner Geschichte an die Öffentlichkeit geht, um anderen Mut zu machen. Ihnen selbst fehlte es an Mut und Kraft, oder sie hatten Angst vor weiteren Angriffen und Übergriffen. Diese Angst konnte ich sehr gut nachvollziehen, so ging es mir auch. Ich hatte zudem Zweifel, ob ich ernst genommen werde als Coach, wenn ich mit meiner Geschichte an die Öffentlichkeit gehe. Ich hatte Angst, selbst angegriffen zu werden.

Was soll ich euch sagen? Es war einfach alles dabei, von wüsten Beschimpfungen über Verunglimpfungen, Verachtung, Zustimmung bis hin zu Anerkennung und Respekt, dass ich es geschafft hatte und dass ich auch den Mut hatte, es zu veröffentlichen. Ja, es kostete mich nicht nur Mut, es kostete mich danach auch sehr viel Kraft, den Shitstorm auszuhalten. Damit meine ich z. B. Menschen, die sich ertappt und erkannt fühlten und verbal um sich schlugen. Und dann gab es auch tatsächlich Kollegen und Psychologen, die eine "ungefragte Ferndiagnose" anhand des Blogartikels stellten. Puh, das war echt harter Tobak für mich und machte mir auch Angst, an dieses Buch hier zu gehen. Doch dann habe ich mir die Reaktionen der Betroffenen (der Opfer) angesehen, wie sehr sie Hilfe und Unterstützung in der Form brauchten, dass endlich jemand aufsteht und über seinen Missbrauch berichtet – vor allem darüber, wie er es selbst geschafft hat, da wieder rauszukommen.

Das hat mich wiederum auf die Idee gebracht, genau diese Menschen zu interviewen und sie selbst zu Wort kommen zu lassen. Also habe ich mir einen Interviewleitfaden ausgedacht und mich wochen- und monatelang ans Telefon gesetzt oder in ein Café, um Interviews zu führen. Die Geschichten gingen mir unter die Haut, und ich wusste, wie wichtig es war, den Opfern eine Stimme zu geben. Manchmal kamen mir die Tränen bei so viel Leid, Pein und Angst und mir wurde noch bewusster, wie wichtig dieses Buch für genau diese Menschen ist. Wie sagte eine Freundin zu mir: "Gisa, es nicht zu schreiben, nur weil du das alles hinter dir gelassen hast und wieder in deiner Kraft bist, wäre eine unterlassene Hilfeleistung den Menschen gegenüber, die dich und deine Erfahrung brauchen. Also schreib endlich weiter." Aus diesem Grund möchte ich hier einige der Interviews mit euch teilen.

1. Wie war der klassische Verlauf eurer Beziehung?

Ich fühlte mich wie eine Prinzessin und er trug mich auf Händen, überschüttete mich mit teuren Geschenken, nahm allerdings selbst keine oder nur widerwillig an. Er überraschte mich und las mir beinahe jeden Wunsch von den Augen ab. Er "sah" mich und glaubte an mein Potenzial, das ich bis dahin nicht erkannt hatte.

Er zeigte sich sehr gerne mit mir: in teuren Hotels und Restaurants, teuren Wohnmobilen, teuren Autos, im Theater.

In meinem Umfeld war er beliebt und smart, sehr hilfsbereit. Er beschenkte meine Kinder, besorgte alles, was ich auch nur in einem Nebensatz erwähnte.

Ich durfte allerdings nie in sein Haus, in seine Stadt, lernte nie sein Umfeld kennen. Seine Ausreden erschienen mir plausibel. Ich las viel über Menschen mit Hochsensibilität und erfuhr, dass sie ihr Haus und ihr Umfeld vor dem Außen schützen. Das reichte mir als Erklärung.

Plante ich ein Wochenende oder einen Urlaub, kam er nicht zustande. Seine Planungen, die mehr als spontan waren, führten wir immer durch, denn mir imponierte es.

Alle Fragen, die ich ihm stellte, beantwortete er und betonte dabei vehement, dass er nicht lüge.

Er erzählte mir ausführlich von zwei seiner Ehefrauen, über die dritte schwieg er. Er verbalisierte meine Zweifel und zeigte Verständnis, änderte aber nichts.

Immer wieder platzten Verabredungen oder für mich wichtige Termine (Geburtstage, Feiertage, der Abiball meiner Tochter …). Immer wieder erklärte er mir, seine Firma, seine krebserkrankte Schwester und vor allem sein Sohn bräuchten ihn.

Ich stand über zwei Jahre immer auf Abruf bereit und half ihm mental bei der schweren Begleitung seiner mittlerweile verstorbenen Schwester.

Er begab sich mehrfach in psychologische Behandlung, nahm regelmäßig an Therapien teil, weinte bei mir, aber es änderte sich nichts. Ich wollte mich auf gemeinsame Termine freuen, aber er hasste es, Fähnchen in den Kalender zu stecken.

Angeblich sagte seine Psychologin zu ihm, ich sei sein lebenslanger Krückstock. Kurz bevor ich die Beziehung beendete, machten wir einen Wochenendausflug nach Hamburg. Dort hängten wir ein Liebesschloss auf. Er versprach mir, ab jetzt werde er Nägel mit Köpfen machen und wir überlegten zusammenzuziehen.

Seine Unzuverlässigkeit und seelischen Zusammenbrüche wurden immer schlimmer. Ich beendete das Ganze unter Aufwendung meiner letzten Kraft. Danach stalkte er mich über 5 Monate. Ich schickte ihm über eine Anwältin eine einstweilige Verfügung mit Näherungsverbot, an das er sich bis heute hält. Ab und an ist er auf meinem Xing-Profil, aber ohne Kontakt.

Zu Beginn der Beziehung hatte ich bereits mit einem Stalker zu tun, der mich und meine Freundin mit E-Mails belästigte. Diese Mails waren von einem PC aus seiner Firma geschrieben worden, was die Kripo herausfand. Er versicherte mir glaubhaft, es sei einer seiner Angestellten gewesen, der auch Werksspionage betrieben habe. Ich habe es geglaubt ...

Als ich sie kennenlernte, war ich hin und weg, total geflasht, die Traumfrau meines Lebens. Alles passte, wir zogen sehr schnell zusammen, besser gesagt: sie zu mir. Denn sie war, nachdem sie ihren Ex verlassen hatte, weil der so brutal zu ihr gewesen war, in eine kleine Pension geflüchtet, damit er sie nicht finden sollte. Zumindest erzählte sie mir das und wieso sollte ich ihr nicht glauben? Sie war so bezaubernd, so verletzlich und das weckte in mir den Beschützerinstinkt.

Doch kaum war sie bei mir eingezogen, wendete sich das Blatt. Sie wurde launisch, zickig, ich konnte ihr nichts mehr recht machen. Der Sex, der bis dato phänomenal gewesen war, war plötzlich weg oder sie hat die sexuelle Energie als Druckmittel eingesetzt, um etwas zu bekommen oder durchzusetzen. Die Leichtigkeit und Spontaneität waren wie weggeblasen, ich sollte dann für sie auf Knopfdruck können.

Immer mehr begann ich zu hinterfragen, ich konnte ihren Ansprüchen nicht mehr genügen, sie hinterfragte alles, fing an, meine Kontoauszüge und mein Handy zu kontrollieren. Wenn ich sie zurechtwies, wurde ich mit Eiseskälte bestraft. Wochenlanges Schweigen, Liebesentzug oder sie schlief dann im Gästezimmer. Das war für mich die Hölle pur und ich bin dann immer zu ihr gekrochen, um mich zu entschuldigen.

Wenn ich mit Freunden wegging, wurde ich bestraft, denn ich musste immer erreichbar sein – wehe, wenn nicht. Irgendwann bin ich einfach nicht mehr weggegangen.

Sie brachte mich so weit, mich für Dinge zu entschuldigen, die ich nicht getan hatte. Mein Selbstwert sank ins Bodenlose. Ich konnte mich nicht trennen, sie war die Liebe meines Lebens und doch litt ich so. Ich konnte auch nicht ausziehen, es war ja mein eigenes Haus und sie ging nicht.

Dann war ich psychisch so am Ende, dass ich meine Sachen gepackt habe und aus meinem eigenen Haus geflohen bin. Als ich nach einem Monat zurückkam, war sie weg – und mit ihr meine Ersparnisse und die wertvollen Gegenstände aus meinem Haus. Ich war am Boden zerstört.

2. Wie habt ihr euch kennengelernt? Z. B. im Internet, über Facebook, eine Partnerbörse? Oder offline z. B. in einem Café?

Wir haben uns über ein Internetforum kennengelernt, in dem es in erster Linie um Sexualkontakte geht.

Ich hatte sie bei Freunden kennengelernt und war sofort hin und weg. Eine Freundin zog mich beiseite und meinte: "Pass bitte auf." Ich dachte nur: 'Was soll das, ist sie etwa eifersüchtig?' Nein, sie kannte sie nur und wollte mich warnen.

Er hatte mich über eine Facebook-Gruppe angeschrieben und suchte eine Trainerin, die mit ihm auf Mallorca Seminare und Coachings für Führungskräfte durchführt. Ich fühlte mich geschmeichelt, denn genau das war es, was ich nur ein paar Tage zuvor auf meinen Zielplan geschrieben hatte. Ich dachte mir: "Wow, das Universum liefert sofort."

3. Was war dein erster Eindruck? Z. B. Charmant, charismatisch, wortgewandt, wohlhabend ...

Als er mir über Facebook eine Anfrage stellte, dachte ich noch lange nicht an eine Beziehung, denn er wollte mich als Co-Trainerin für seine Seminare. Als wir zum ersten Mal telefonierten, war es, als würden wir uns schon ewig kennen, wir hatten so viele gemeinsame Interessen, sei es die Hypnose, das Coaching oder meine Lieblingsinsel Mallorca. Wir sprachen wie alte Freunde miteinander und fühlten uns sofort verbunden (zumindest gab er mir das Gefühl). Beim Verabschieden fragte er mich, ob ich mir mehr mit ihm vorstellen könne, aber ich sagte klar NEIN. Er war schließlich 20 Jahre älter, wohnte 3,5 Stunden Autofahrt entfernt und mir ging es als Single einfach nur gut. Wieso sollte ich daran etwas ändern wollen?

Optisch dachte ich: Nein, das passt nicht! Aber dann hatte er mich gleich am Wickel: eloquent (er reimte Gedichte aus dem Stehgreif), sehr charmant, großzügig, teures Auto, Markenkleidung, Markenuhr, erfahren in der Auswahl erlesener Speisen und Getränke. Einer seiner ersten Sätze war: "Ich sehe DICH!"

Sie war nicht die "Hübscheste", aber sie hatte eine charismatische Ausstrahlung. Sie fesselte mich, wenn sie sprach, war sehr wortgewandt, schien belesen und gebildet zu sein. Sie erzählte mir von ihren Abschlüssen und Auszeichnungen, und ich war einfach nur beeindruckt.

4. Warum hatte der neue Partner so schnell eine Chance bei dir? Was hat dich geflasht? Was waren deine Gedanken? (Ich habe meinen Seelenpartner gefunden, endlich der Jackpot. Endlich jemand der mir zuhört, der für mich da ist ...)

Ich war emotional ausgehungert! Ich hatte eine doofe Partnerschaft mit vielen Lügen hinter mir. Er schien wirklich mein Seelenpartner zu sein. Er hörte zu, verstand meine Sorgen und Nöte, bewunderte mich. Mit ihm fühlte ich mich gleich stark und wohl. Sein souveränes Auftreten, das ich auch hatte, fand ein Gegenstück. Endlich Gespräche auf Augenhöhe. Seine unbedingte Lust, mich auch körperlich zu berühren. Er ließ schon am ersten Abend meine Hand nicht los. Und der Sex mit ihm war die ganze Zeit über nicht von dieser Welt. Er hielt über Stunden meine Hand, immer. Er verwöhnte mich: kochte, brachte mir einen Kaffee ans Bett, massierte mich. Und ich ließ ihn an meinem großen Erfahrungsschatz in Bezug auf Kinder und Schwerstkranke teilhaben, buk für ihn, verwöhnte ihn, wenn er mich ließ.

Ich war glücklich als Single, aber es war so schön, jemanden zu haben, der mir endlich zuhörte, der das, was ich bin und was mich ausmacht, toll fand. Der die gleichen Interessen zeigte, dieselbe Musik mochte, meine Vorliebe für Sushi teilte usw. Er gab mir einfach das Gefühl, mein Seelenverwandter, etwas ganz Besonderes und Wertvolles zu sein, als hätte er sein Leben lang auf die große Liebe gewartet und ich wäre seine ganz große Liebe. Das schmeichelte mir sehr und ich verliebte mich trotz des Altersunterschiedes in ihn – oder besser gesagt: in das Gefühl, das er in mir auslöste.

Sie gab mir das Gefühl, ihr Seelenpartner zu sein, als ob sie noch nie auf so jemanden gestoßen wäre, bei dem die Übereinstimmung so groß war. Ich war von Anfang an ihr Traummann. Noch nie hatte ich eine Partnerin, die so bebende Gefühle in mir entfachte, der Sex war ein Feuerwerk, wir konnten unsere Finger nicht voneinander lassen. Egal wo wir waren, es fand sich immer eine Gelegenheit für einen prickelnden Quickie.

5. Nachdem er/sie dich sicher in der »Beziehung« hatte, wann sind die ersten Probleme aufgetreten?

Sehr schnell, ich merkte schnell, dass er kein Nein ertragen konnte, sofort gekränkt war. Ich wurde gedrängt, das zu tun, was er wollte, und wenn ich nicht wollte, dann bockte er und ließ mich seinen Unmut spüren. Er versuchte, mich durch emotionale Erpressung dazu zu bringen, dass ich nachgab, und gab mir dadurch das Gefühl, mit mir stimme etwas nicht. Er zeigte plötzlich ein zweites Gesicht, eiskalt, hasserfüllt. Ich nannte es die "Hassfresse", so etwas hatte ich noch nie erlebt, von einem Moment auf den anderen. Und wenn er bekam, was er wollte, wurde wieder auf liebevoll umgeschaltet.

Innerhalb der ersten zwei Monate. Ich hatte einen großen Freundeskreis und war viel mit meinen Mädels unterwegs. An meinem Geburtstag lud ich sie alle zum Brunchen ein, so wie ich es immer schon getan hatte. Ich bat ihn, mir den Rücken etwas freizuhalten, das bedeutete, mal nach dem Kaffee zu schauen, die Teller in die Spülmaschine zu räumen, Gläser nachzufüllen usw. Er begrüßte meine Freunde überschwänglich mit einer Umarmung an der Tür, als ob er sie alle schon Jahre kennen würde. Meine

Freunde waren aber eher erschrocken und fanden es übergriffig, da sie ihn nicht kannten, er sich aber so großartig fand. Wie es so auf Geburtstagen ist, hatte ich mich mit meinen Freunden unterhalten und stand im Mittelpunkt. Die Stimmung schlug schnell um, er wurde vom liebevollen Partner, den er spielen wollte, plötzlich zum Ekel und verdarb mir meine Feier. Er ließ jeden spüren, dass er ihn für dumm hielt und der Umgang unter seiner Würde war. Ich war entsetzt, was da plötzlich abging. In dieser angespannten Atmosphäre verabschiedeten sich meine Freunde. Doch das eigentliche Drama begann erst, als der letzte Gast zur Tür hinaus war. Die Stimmung schlug um und er schlug mir verbal ins Gesicht. Plötzlich unterstellte er mir, ich hätte ihn vor meinen Freunden vorgeführt und gedemütigt, so sei er noch nie behandelt worden und außerdem sei er erstaunt, mit was für einfachen und geradezu dummen Menschen ich mich abgeben würde. Ich war sprachlos und wehrlos, so etwas Unverschämtes hatte ich noch nie erlebt. Hier wurden einfach die Tatsachen verdreht. Ich musste mich kurz hinsetzen und das Ganze "verdauen", doch im nächsten Moment packte er seinen Koffer und knallte die Tür hinter sich zu. Wow, da saß ich nun, "angeklagt", heruntergeputzt, beleidigt und an meinem Geburtstagsabend allein gelassen. Ich verstand die Reaktion nicht und wusste nicht, ob und was das war. Es folgten Tage der Anklage oder des stillen und beleidigten Schweigens.

Eigentlich schon in der zweiten Woche. Er überraschte mich am Freitag mit einem Ausflug in ein Wellnesshotel mit Übernachtung und eröffnete mir am Samstag nach dem Frühstück, dass er weg müsse. In seinem Kofferraum ein gepackter Koffer. Ich habe nicht gefragt, weil ich Angst hatte, verlassen zu werden ... und der Traum sollte nicht vorbei sein.

Danach hat er mich immer wieder versetzt. Ich konnte nie sicher sein, dass er zu mir zurückkommt. Manchmal stand er morgens um 6 mit Brötchen vor der Tür (er wohnt 160 km weg), wir frühstückten und weg war er wieder. Er bekam auch an den Wochenenden keine Regelmäßigkeit hin, denn er hatte immer seinen Sohn (10 Jahre alt), trotz anderer Absprachen. Die Schuld trug "natürlich" die Mutter des Kindes, an der er kein gutes Haar ließ.

Wir telefonierten unzählige Male am Tag, ich sog diese Gespräche ein wie eine Erstickende den rettenden Sauerstoff. Meine Tränen sah er nie; die unterdrückte ich immer. Ich war die, die immer lachte. Und war er bei mir und wir zusammen, war meine kleine Welt in Ordnung.

6. Wann hat sich dein Bauchgefühl gemeldet? Wann hast du gespürt, dass da doch etwas nicht stimmt? Und warum hast du das Gefühl ignoriert?

Wir waren so im Rausch der Liebe, sie zog ja sofort mit Sack und Pack bei mir ein. Ich war so glücklich, doch dann fing sie an, alles umzuräumen, meine Dinge wegzuwerfen und bei Erinnerungen an meine Expartnerin wurde sie abfällig und wütend. Sie unterstellte mir plötzlich, dass ich sie immer noch lieben würde, dass ich bestimmt noch etwas mit ihr hätte und ich sollte ihr mein Handy zeigen, um ihr zu beweisen, dass sie keine Angst zu haben brauchte. Ich rechtfertige mich für etwas, dass nicht wahr war, nur damit der Streit aufhörte. Das war nur der Anfang dieser Dramen und Unterstellungen, es wurde immer schlimmer. Ich zuckte bei jeder Benachrichtigung auf meinem Handy zusammen, checkte ängstlich, wer das wohl war und ob sie es mitbekommen hatte.

Doch das alles war nur der Anfang. Jedes Mal, wenn ich weg wollte, begann das Theater von vorne. Ich habe mich völlig zurückgezogen, meinen Freunden nicht mehr geantwortet. Warum ich das mitgemacht habe? Ich habe sie so sehr geliebt, dieses Feuer am Anfang, diese Seelenverwandtschaft, das konnte doch nicht alles gespielt gewesen sein. Ich wollte dieses Gefühl, diese tiefe Verbundenheit, diese Emotion der grenzenlosen Zusammengehörigkeit einfach wieder zurück. Ich habe noch nie so geliebt – und noch nie so gelitten. Ich hätte alles für sie getan, um sie zu retten, um unsere "Liebe" zu retten.

Das meldete sich schon nach den ersten Wochen, besonders mit der Stalkinggeschichte. Ich ignorierte auch die vorsichtigen Hinweise meines Umfeldes. Warum? Ich hatte Angst vor dem Alleinsein, Angst vor dem Nicht-gesehen-Werden, vor den mitleidigen Blicken meines Umfeldes (sie hat es wieder nicht geschafft), Angst, keine Hilfe bei technischen Problemen oder allgemein praktischen Herausforderungen zu haben, Angst, wieder keinen Gesprächspartner auf Augenhöhe zu haben, der mich versteht. Ja, ich hatte auch Angst, auf diese gigantische Körperlichkeit verzichten zu müssen. Angst, wieder in der grauen Masse unterzugehen ...

Eigentlich war es schon an meinem Geburtstag. Ich hatte noch nie jemanden gekannt, der sich so verhalten hatte, der mir die Schuld gab für NICHTS. Der mich eine Woche hängen ließ, um dann am nächsten Wochenende erst auf heile Welt zu machen und dann wieder in das Dramaland abzudriften. Er stellte sich vor, dass ich genügend Zeit für ihn habe, da er sich ja herabgelassen hatte, wieder zu mir zu kommen. Das war natürlich ungefragt, bei mir musste es einfach passen. Doch ich hatte am Sonntag ein Seminar, das ich gebucht hatte, noch lange bevor wir uns überhaupt kannten, und ich musste sehr früh raus.

Am Abend zuvor war ich auf ein Symphony-Konzert eingeladen und nahm ihn natürlich mit. Ich hoffe sehr, dass er mir hier nicht wieder eine Eifersuchtsszene machen würde, denn im Orchester war mein ehemaliger Tanzpartner, der homosexuell war, und es waren seine homosexuellen Freunde da. Ich fühlte mich save. Weit gefehlt, mitten im Konzert fiel ihm das Gesicht herunter, er war von einer Sekunde zur anderen in das Drama verfallen. Ich wusste nicht, warum, und konnte nicht damit umgehen. Er tat plötzlich so, als ob sein Kreislauf wegbrechen würde und wir sofort und unverzüglich gehen müssten. Da ich die Situation nicht einschätzen konnte, sind wir natürlich gegangen. Draußen ging es ihm natürlich etwas besser und als wir bei mir ankamen, meinte er plötzlich, er wisse nicht, ob ich die richtige Frau für ihn wäre, wenn ich zu solchen "Scharlatanen" und Blendern auf die Seminare fahren würde. Es wäre doch auch unter meiner und seiner Würde und er denke, ich habe so etwas doch gar nicht nötig. Er könne mit so einer Frau nicht zusammen sein und würde die Beziehung jetzt beenden. Wir diskutierten die ganze Nacht, ich war so erschöpft vom Reden und Weinen. Er nahm mich in den Arm, küsste mich, streichelte mich und meinte, ich solle mir keine Sorgen machen. Dann hatten wir schönen Versöhnungssex. Ich schlief noch kurz ein, denn der Wecker klingelte kurz darauf. Als ich aufstand, ging die Leier und Leidensmiene von vorne los. Ich verstand das nicht, wir hatten doch gerade noch Sex gehabt. Er meinte nur, das hätte an seinem Entschluss nichts geändert, ich sei diejenige, die so egoistisch sei und würde doch machen, was ich wolle. Als ich zu meinem Seminar fuhr, war ich so wütend, traurig und ich fühlte mich missbraucht und gedemütigt. Es tat nur weh, mein Herz blutete und ich litt wie ein Hund.

Ein paar Wochen später kam er wieder angekrochen, charmant, liebevoll, achtsam, aufmerksam usw. Er war plötzlich wieder der

Mann, in den ich mich verliebt hatte. Und plötzlich hörte der Schmerz in meinem Herzen auf. Halte mich für dumm, aber ich nahm ihn wieder zurück. Mit Abstand und mit dem Wissen von heute betrachtet, ist mir klar, das war das volle Programm der emotionalen Erpressung. Er hat mit all seiner Macht versucht zu verhindern, dass ich zu diesem Seminar fahre und dass ich meine Freunde treffe, selbst in seiner Begleitung. Er hat mich mit dem Schlussmachen erpresst und hatte doch keinen Erfolg mit seiner Erpressung. Wenn ich diese Spielchen damals schon durchschaut hätte, hätte ich mir noch viele dieser Situationen ersparen können.

7. Wie war es mit der Treue? Ist er/sie fremdgegangen oder hatte schon die Nächste am Start?

Im Laufe unserer Beziehung erzählte sie mir plötzlich von verschiedenen Männern und Beziehungen, von denen sie mir vorher nichts erzählt hatte. Wenn wir gemeinsam unterwegs waren, was immer seltener vorkam, begegneten uns ständig Männer, die sie als Expartner vorstellte. Es wurden immer mehr Männer, und mir war es mit der Zeit nur noch peinlich. Sie stempelte mich als prüde ab und war gleichzeitig auf jede Bedienung oder anwesende Frau eifersüchtig. Da ich vor lauter Drama nicht mehr aus dem Haus gegangen bin, wurde ich als langweilig abgetan. Wenn ich mal außer Haus war, musste ich mich an- und abmelden, ständig am Handy verfügbar sein und wehe, ich habe einmal nicht sofort auf eine Nachricht geantwortet. Sie selbst kam und ging, wann sie wollte, sie blieb manchmal nächtelang weg, ohne zu erklären, wo sie war. Sie kam aufgekratzt, nach Drogen und nach anderen Männern riechend nach Hause. Wenn ich mir Sorgen machte und sie

fragte, wo sie gewesen war, ist sie wie eine Furie auf mich los ...
Ich würde ihr misstrauen, ich wäre ja wie ihr Ex, der ihr immer
hinterherspioniert hatte, ich würde mit meiner krankhaften Eifersucht noch alles kaputtmachen, ich wäre schlimmer als ihr Vater, der sie missbraucht hatte, usw. Ich habe meinen Mund gehalten, alles geschluckt, ich wollte sie nicht verlieren.

Ich weiß nicht, ob er treu war, glaube es allerdings, denn er hatte in diesem Bereich sehr hohe moralische Ansprüche. Wenngleich sie auch an mancher Stelle inkongruent waren: Er erzählte mir, dass er mit seinen Exfreundinnen auch nach der Trennung häufig noch Sex gehabt hätte, einfach so, was sich für mich völlig ausschließt! Er verletzte mich damit, dass er mir während unserer häufigen Telefonate schilderte, welch attraktive Frau er gerade auf der Straße oder in einem Geschäft gesehen hatte, was sie für einen wohlgeformten Busen habe etc. Nach unserer ersten gemeinsamen Nacht meinte er, eigentlich sei ich nicht sein Beuteschema, da er großbusige Frauen bevorzuge, aber ich hätte ihn so fasziniert und meine Oberweite sei sehr reizvoll. An Heiligabend, den wir nie gemeinsam verbrachten, besucht er mit allen männlichen Mitgliedern seiner Familie viele Kneipen in seiner Heimatstadt, in der er sehr bekannt ist. Ich denke nicht, dass viel Alkohol getrunken wird (er verträgt nichts), sondern dass man dann alle möglichen alten Bekannten trifft, die an Weihnachten nach Hause kommen. Er berichtete mir immer wieder von der Geschäftsführerin eines Autohauses aus dem Süden, die ihn sehr fasziniere und mit der er Kontakt habe ... Es reichte, um meine Fantasie anzukurbeln.

Als ich ihn kennenlernte, war er Witwer und erzählte mir von seiner letzten Beziehung und wie sehr er unter dieser Frau gelitten habe. Sie hatte wohl einige psychische Störungen und er habe das nicht mehr ausgehalten. Ich hatte ihn über eine Online-Plattform im Businesskontext kennengelernt. Wieso sollte ich ihm keinen Glauben schenken, er hatte mich ja sehr freundlich und höflich angefragt und wollte mit mir Seminare veranstalten. Irgendwann habe ich mitbekommen, dass er noch gar nicht richtig getrennt war und dass ich nicht die Einzige war, die er im Coachingbereich angeschrieben und angebaggert hatte. Zwei meiner Trainer- und Coachingkolleginnen hatten mich nach einiger Zeit angeschrieben, als sie von unserer Beziehung Wind bekommen hatten.

Als ich ihn darauf ansprach, inszenierte er wieder ein Drama, was mir einfallen würde, ob ich so eifersüchtigen Tussis mehr glauben würde als ihm usw. Ich solle doch nicht von mir auf andere schließen, ich wäre doch vor unserer Beziehung auch mit jedem ins Bett gegangen ... Es war so unglaublich, was er mir vorwarf, um von sich abzulenken – und doch hat es mich verletzt und erniedrigt.

8. War er/sie besonders eifersüchtig?

Es war so furchtbar, sie kontrollierte alles: meine Mails, mein Handy, mein Auto, sie roch an meiner Kleidung. Ich traute mich nicht mal mehr, für mein Business aus dem Haus zu gehen. Ich war völlig gelähmt und unfähig mich zu wehren, denn sie drohte mir, mich zu verlassen. Das war das Schlimmste, was ich mir ausmalen konnte, wieder alleine zu sein. Da ertrug ich lieber alles.

Aufgrund der Tatsache, dass er mich nicht in sein Leben ließ, war ich eifersüchtig. Er hat sich immer als generöser Gönner gezeigt. Nach der Trennung schrieb er, er hoffe und wünsche mir, dass ich am anderen Morgen in den Armen eines liebevollen

Mannes wach werden würde. Ich hätte mich nun wohl gegen ihn entschieden, aber er gönne es mir. Und nein, er sei nicht verrückt.

Zuerst gar nicht, dann war er sogar auf meinen Sohn und seine pubertierenden Freunde eifersüchtig. Er machte sogar ein Drama, wenn einer der Kumpels meines Sohnes vorbeikam und etwas abholte, ich könne ja mit ihm im Schlafzimmer verschwinden. Wenn wir in einem Restaurant waren und es kam ein Mann zur Tür herein und ich blickte nur kurz auf (was eine natürliche Reaktion ist und reflexartig passiert), dann wurde ich sofort gefragt: "Kennst du den, hattest du was mit dem?" Und der Abend war gelaufen. Selbst wenn ich alleine zu Hause war und einfach nur geräuchert habe, weil ich die negative Energie des letzten Streits klären wollte, war sofort ein Drama da. Warum ich denn räuchern müsse, wer da gewesen wäre, da wäre auch ein Laken mit Ölflecken in der schmutzigen Wäsche usw. Ich verstand gar nicht, was er meinte, doch die Unterstellung war in jedem Satz, den er gebetsmühlenartig wiederholte, indem er mich anklagte. Ich verstand die Anschuldigungen nicht und auch nicht, von welchem Laken er sprach. Ich wollte nur noch meine Ruhe und bin zum Wäschekorb, um zu sehen, was dort war. Als ich es rauszog, stellte ich fest, es war die schmutzige Tischdecke des Vorabends – und die Flecken waren kein Sperma oder Öl von einer Tantramassage, es waren ganz einfach nur Soßenflecken. Es war nicht mehr auszuhalten.

Wenn ich einen Termin für meine Workshops oder Seminare hatte, wurde ich vorher tagelang drangsaliert, dass ich mich von den Typen "angeilen" und anhimmeln lassen will, dass ich es ja nötig hätte und immer im Mittelpunkt stehen müsse. Er hätte das ja nicht nötig, sich so in den Mittelpunkt zu spielen. Dann würde ich wohl auch abends mit den Typen auf das Hotelzimmer gehen.

Ich kann dir sagen, diese Zeit und auch meine Vorträge auf Kongressen war die schlimmste Zeit meines Lebens. Er konnte weder meinen beruflichen Erfolg ertragen noch dass ich in der Öffentlichkeit stand noch dass irgendein Mann in meiner Nähe war.

9. Wie war eure Sexualität? Ging es immer nur um die Bedürfnisse deines Partners?

Es war am Anfang ein Feuerwerk, als ob ein Vulkan explodierte, sie machte mich sexsüchtig, süchtig nach ihr, nach ihrer Nähe. Immer wenn ich sie sah, wollte ich sofort mit ihr schlafen – und zu Beginn hatten wir auch zu den unmöglichsten Zeiten und an den unglaublichsten Ecken und Orten Sex.

Dann war es von heute auf morgen fast vorbei, sie setzte Nähe, Zärtlichkeit und Sex als Druckmittel ein. Wenn sie bekam, was sie wollte, dann bekam ich Zuwendung und durfte mit ihr schlafen. Wenn ich mal selbst müde war und nicht auf sie zukam, war sie gleich beleidigt und fühlte sich abgelehnt.

Der Sex war phänomenal und er selbst schilderte sich als sexsüchtig. Da wir uns nicht so häufig sahen, empfand ich es nicht so. Es ging immer in erster Linie um die Befriedigung meiner Bedürfnisse, was für ihn die höchste Freude war. Allerdings wurde der Sex mit der Zeit mit meiner Einwilligung härter, und es gab eine Situation, in der er sich nicht mehr im Griff hatte und ich mich wehren musste. Er entschuldigte sich vielmals dafür und meinte, er habe mich gewarnt.

In unserer letzten Nacht hatten wir keinen Sex, das erste Mal in 2,5 Jahren. Das thematisierte er am anderen Morgen und bekundete, es sei nicht so schlimm ... Allerdings spürte ich deutlich die Veränderung an ihm.

Als wir uns kennenlernten, war es der langweiligste Blümchensex, den ich je hatte. Er fand sich grandios und wollte das von mir bestätigt haben. Er war sofort beleidigt und eingeschnappt, als ich nicht frohlockte und vor Entzücken an die Decke sprang oder ihn lobte. Erst als ich ihm so nach und nach zeigte, wie es mir gefällt, was mir als Frau guttut, dann wurde es besser. Doch auch nur am Anfang, dann war es - sprich ich - ihm egal, dann ging es nur um seine Bedürfnisbefriedigung. Wenn ich sagte: "Hey, ich möchte auch mal wieder guten Sex und verwöhnt werden!" Dann hatte er nur einen blöden Spruch auf Lager nach dem Motto: "Du bist ja selbst schuld, wenn du so ein heißes Gestell bist." Ich war so froh, dass er irgendwann Medikamente nehmen musste und diese auf die Libido drückten.

Bei vielen war es in der Anfangszeit toller Sex bis hin zum besten Sex im Leben. Dann, als es fest wurde, flachte es oft ab oder wurde als Erpressungsinstrument gezielt eingesetzt. Einige haben mir erzählt, dass sie dem Partner hörig waren und alles getan hätten, nur damit der Sex nicht aufhörte. Eine Frau hat sogar die erniedrigensten Sexpraktiken bis hin zu Sadomaso und mehr über sich ergehen lassen, nur damit sie nicht "ausgetauscht" wurde. Aus Angst verlassen zu werden, ließ sie sich demütigen, erniedrigen, missbrauchen, nicht nur emotional, sondern auch körperlich.

10. Wie war es mit den Schuldzuweisungen? (Gaslighting) Beispiel: »Ich kann ja nichts dafür, dass ich mich so verhalte, du bringst mich ja dazu.«

Am Anfang war alles so schön, mit ihr fühlte sich alles wie der Himmel auf Erden an. Doch dann, als sie zu mir zog, wendete sich das Blatt, der Himmel wurde zur Hölle.

Wenn vorher alles so wundervoll, zauberhaft, toll war, war plötzlich alles scheiße, ich an allem schuld. Ich konnte nichts mehr tun, ohne dass es ihren Zorn weckte. Wenn sie krank wurde, war mein Verhalten schuld daran. Wenn sie etwas suchte, dann war ich es, der es mit Absicht vor ihr versteckte, um ihr zu schaden. Wenn sie nächtelang wegblieb und sich offensichtlich mit anderen Männern vergnügte, dann war ich schuld, sie musste sich ja vor mir verstecken und flüchten, weil sie mich nicht mehr ertragen konnte. Als rauskam, dass sie ihren Job verloren hatte, war auch ich daran schuld. Ich bezahlte irgendwann alles, ihr Auto, ihre Kleidung, ihre Wohnung, denn sie war ja zu mir gezogen. Ich dachte in meiner VERLIEBTHEIT und Großzügigkeit nicht daran, sie an den Kosten zu beteiligen.

Ich denke, an der Stelle ist er kein typischer Narzisst. Er betonte immer wieder, ich solle ihn nicht zum Weinen bringen, was dennoch häufiger geschah, da ich ihm einen Spiegel vorhielt, liebevoll, aber ehrlich. Er sah sich als Opfer der Familie, der Firma, der anderen, nur sich selbst habe er über allem vergessen ... und die Menschen, die er liebe ... Aber er änderte nichts für die geliebten Menschen, abgesehen von seinem Sohn!

Er pamperte alle: Angestellte, Familie, geschäftliche Kontakte, war großzügig zu karitativen Einrichtungen, unterstützte Kinder und das Bistum, letztlich auch mich mit technischem Equipment, nur für meine Seele war er nie da!

Egal, was war, er schob alle Schuld immer auf mich. Er log bei jeder Gelegenheit. Wenn uns jemand fragte, wie wir uns kennengelernt hatten, dann erzählte er plötzlich eine andere Story und nicht, dass er mich angeschrieben hatte. Wenn ich versuchte, es klarzustellen, streichelte er mir über den Arm oder noch lieber über den Kopf (um seine Erhabenheit zu demonstrieren und er wusste, wie sehr ich das hasste) und sagte dann vor allen: "Ich bin zwar der Ältere, doch anscheinend hat unsere Kleine Gedächtnisprobleme." Ich war jedes Mal so wütend und hätte kotzen können. Die mitleidigen Blicke waren kaum auszuhalten.

Wenn er einen Termin verbockte, dann war ich schuld, wenn ich Termine für mich und mein Business hatte, dann sabotierte er meine Pläne und buchte etwas anderes, drangsalierte mich so lange, bis ich meine Termine verlegen musste. Er behauptete jedes Mal, ich wäre diejenige, die es nicht auf die Reihe bekommen würde.

Vor anderen stellte er sich immer als großzügig und wohlhabend dar, aber wenn er bei mir war, futterte er mir den Kühlschrank leer – und wenn es ging, räumte er ihn auch noch aus. Wenn ich eine Kartoffelsuppe mit Würstchen kochte, nahm er sich zuerst und danach waren keine Würstchen mehr in der Suppe. Wenn ich das ansprach, meinte er, wie egoistisch ich wäre, wie knausrig und kleinlich und dass ich ihm nicht mal etwas zu essen gönnen würde. Was glaubst du, was es für Dramen gab, als ich mir erlaubte, ein Würstchen aus seinem Teller zu holen?

Wenn wir auswärts essen waren, dann bezahlte er, wenn noch andere Gäste da waren. Wenn nicht, hatte er seinen Geldbeutel vergessen und ließ mich immer öfter bezahlen. Als ich dann mal wieder den Kaffee und das Eis bezahlte, sagte er doch glatt: "So schön, dass du auch mal einen Kaffee bezahlst." Da war meine Trennung schon längst geplant.

11. Wann hast du zum ersten Mal gespürt, dass es sich um eine toxische Beziehung oder um eine toxische Person handelt?

Ich habe es lange nicht gesehen und wollte es auch nicht sehen. Ich war so verliebt und wollte dieses Hochgefühl der ersten Wochen und Monate wieder zurück. Ich hoffte und bangte und tat alles für sie. Ich habe all die Ratschläge, Warnungen und liebevoll gemeinten Worte meiner Freunde ignoriert, die die Veränderungen an mir wahrgenommen hatten. Auch nachdem ich mich von meinen Freunden distanziert hatte, waren immer noch welche dabei, die meinten, sie wären immer für mich da, wenn ich sie brauchen würde. Sie spürten, was mit mir los war – sehr lange, bevor ich bemerkte, dass ich emotional von ihr abhängig war und sie für mich pures Gift war.

Wann ich es genau gespürt habe? Als ich einen Zusammenbruch hatte, ich meinem Beruf nicht mehr nachkommen konnte und sie sich von mir abwandte.

Mir wurde erst nach rund 1,5 Jahren klar, dass er mich krank machte, mich die Beziehung krank machte. Allerdings konnte ich nicht benennen, was es war. Der Begriff Narzissmus kam erst nach der Trennung in mein Leben. Meine Psychologin wies mich vorsichtig darauf hin, dass mir die Beziehung so nicht guttäte. Aber das wollte ich nicht hören und dachte, ich bekäme es hin und könne ihn mit meiner Liebe "heilen" ...

Ich kann es nicht genau sagen, aber ich spürte, ich war unzufrieden, ich wollte mich so auf keinen Fall behandeln lassen. Ich hatte keine Lust mehr auf diese Demütigungen und Erniedrigungen. Meine Kindheit war geprägt von solchen Entwertungen, von emotionalem und sexuellem Missbrauch, das brauchte ich nun nicht noch einmal. Ich hatte mich dazu entschlossen, mich zu trennen, doch dann bekam er einen Schlaganfall und ich konnte einen kranken Mann nicht verlassen.

12. Beziehungen mit einem Narzissten sind oft On-Off-Beziehungen. Wie war der Beziehungsverlauf, hast du das »Hoovering« erlebt?

Hoovering – das kommt vom englischen "ansaugen", ein Narzisst lässt sein "Opfer" selten gleich vom Haken, kann eine Niederlage nicht einstecken und gibt dann nicht auf … Er "saugt" dich also immer an. Wie hat er/sie um dich "gekämpft", um dich nicht loslassen zu müssen und um dir seine Macht zu zeigen?

Immer wenn ich versucht habe, ein klärendes Gespräch mit ihr zu führen, ist sie regelrecht ausgerastet. Sie schrie mich an, warf mit Gegenständen um sich und es ging schon mal etwas zu Bruch. Woran natürlich ich schuld war, denn ich war der unmögliche Mensch, der sie so wütend machte. Dann packte sie ihre Bettdecke und zog in das Gästezimmer – oder sie blieb gleich ganz weg. Ich wurde mit Schweigen und Missachtung bestraft. Ich fühlte mich jedes Mal so schlecht und schuldig, dass ich mich bei ihr entschuldigte, obwohl ich im Recht war. Doch ich konnte dieses Schweigen und die Strafe nicht ertragen.

Außerdem drohte sie mir in solchen Momenten, dass sie mich verlassen würde, was sie auch tat, wenn ich nicht nachgab und sie um Verzeihung bat. Ich hatte einfach keine Kraft mehr zu streiten. Wie oft es hin- und herging? Keine Ahnung, die Abstände wurden immer kürzer und die Dramen immer explosiver. Irgendwann wurde sie auch mir gegenüber gewalttätig. Als ich sie versuchte abzuwehren, schrie sie, dass sie mich wegen häuslicher Gewalt und Vergewaltigung anzeigen würde. Ich solle aufpassen, mir würde sowieso niemand mehr glauben, dafür hätte sie schon gesorgt.

Er hat mich nach verpatzten Dates reich beschenkt, mich gekauft. Ich lehnte es ab, was ihn wütend machte.

Nach der Trennung begann das Stalking: Meine Freunde bekamen Präsente zu Weihnachten geschickt, er bombardierte mich mit Anrufen, WhatsApp, SMS, Nachrichten auf Facebook. Als ich ihn überall blockierte, kamen E-Mails über die Firmenwebseite, Päckchen zu meinem Geburtstag mit liebevoll ausgesuchten Dingen für meinen vierwöchigen Hamburgaufenthalt. Drei sehr persönliche Dinge hatte er gewählt (ein getragenes T-Shirt, ein Foto von ihm, einen Kalender mit unseren Dates), nicht ohne schriftlich darauf hinzuweisen.

Es gab Liebesbezeugungen, er habe den größten Fehler seines Lebens gemacht, mich gehen zu lassen. Dann kamen Bitten um klärende Gespräche, die Rücksendung von persönlichen Dingen wie Tupperdosen …! Ihm ginge es so schlecht, und er sei die Tränen so leid. Er habe eines der wichtigsten Dinge in seinem Leben verloren. In Hamburg war er dann jeweils an den verabredeten Wochenenden da und schrieb mir, wo er sich gerade aufhalte, was ich mir ansehen müsse, wo man gut essen könne, dass er sich freue, unser Schloss noch vorzufinden, und hoffe, dass ich nicht alleine sei.

Silvester schickte er mir ein Foto von sich und einer anderen Frau an unserem Liebesschloss und aus unserer Suite im Hotel. Auf die einstweilige Verfügung reagierte er mit der Aufforderung, ihn meinerseits nicht mehr zu kontaktieren.

Wenn ich nicht machte, was er wollte, wurde ich entweder erniedrigt oder mit Verlassenwerden erpresst. Da ich mich nicht unbedingt gebeugt habe, weil ich mich nicht erpressen lassen wollte, wurde ich in der Tat auch von ihm verlassen oder er ist einfach gegangen. Doch er konnte mich nicht vom Haken lassen, nicht in Ruhe lassen, ich wurde stundenlang mit WhatsApp-Nachrichten bombardiert. Entweder wollte er wissen, wie es mir geht (sich vielleicht auch daran laben, dass es mir schlecht ging), oder er schrieb mir, wie sehr er leide, wie sehr er mich vermissen würde, wie gerne er gerade bei mir wäre usw. Dann schickte er mir Bilder aus glücklichen Zeiten oder von Orten, an denen wir schöne Momente verbracht hatten, mit den Worten: "Da wäre ich jetzt so gerne mit dir." Bei jeder Nachricht zuckte ich innerlich zusammen, meine Sehnsucht und mein Schmerz waren so groß, dass ich mir dann auch nichts sehnlicher wünschte, als wieder mit ihm dort zu sein. Was er auch sofort spürte und mir dann Links zu diesen Hotels schickte, mich zu Wellnesswochenenden einlud oder einfach nur zum Essen. Bei den Treffen war er dann so charmant, reizend, zuvorkommend, liebevoll, dass ich den Schmerz und die Demütigungen schnell wieder vergessen hatte und er sich zurück in mein Leben schleichen konnte. Die Abstände wurden immer kürzer und die Gemeinheiten immer schlimmer.

13. Oft sind es brillante Blender. Wie bist du mit den Lügengeschichten umgegangen? Hast du die Lügen gedeckt und geschwiegen, um in der Öffentlichkeit niemanden bloßzustellen?

Am Anfang habe ich ihre Lügen nicht erkannt. Doch irgendwie log sie ständig, es kamen täglich neue Ungereimtheiten an das

Licht. Ich verschloss meine Augen. Ich wollte es nicht sehen, ich hatte mich doch in diese bezaubernde reizende Frau verliebt, sie konnte doch keine "Betrügerin" sein. Da wurden Vorladungen zu Gerichtsverhandlungen zugestellt, sie wurde vorgeladen und angeklagt, Menschen um ihr Geld geprellt zu haben oder es zu schulden. Doch sie beteuerte immer, keine Schuld zu haben, sie wäre reingelegt worden, das würde sich alles klären. Das wäre ein Rachefeldzug und eine Verleumdung des Exfreundes. Das ging so weit, dass ich sogar einen Kredit aufgenommen habe, um ihre Schulden zu bezahlen, damit die Anklage gegen sie fallen gelassen wurde und sie nicht in das Gefängnis musste. Ich glaubte immer noch, sie retten zu können.

Ich war mir lange nicht sicher, ob er log. Ich habe ihn allerdings überall entschuldigt, gedeckt, Verständnis gezeigt. Ihn immer verteidigt, auch meinen Kindern gegenüber. Erst Jahre später entdeckte ich durch einen Zufall, dass er mich die ganze Zeit über belogen und betrogen hatte. Er war verheiratet und führte ein Doppelleben, deshalb ließ er mich nie in sein Leben oder in seine Wohnung.

Um ehrlich zu sein, am Anfang bekam ich die ganzen Lügengeschichten, die er mir und meinem Umfeld erzählte, nicht mit. Und wenn ich doch irgendwelche Ungereimtheiten in seinen Erzählungen ansprach, hatte er immer eine plausible Erklärung dafür. Damals kamen auch schon die ersten Sprüche in Richtung: "Das musst du falsch verstanden haben, so habe ich das nie gesagt."

Er erzählte natürlich von seinen grandiosen Erfolgen, und ich fühlte mich geschmeichelt, dass ein so "bedeutender" und erfolgreicher Mann sich für mich interessierte. Wieso sollte ich das Gesagte hinterfragen? Und vor allem: Ich kannte ja niemanden aus seinem Umfeld, den ich hätte fragen können … Auf seiner Homepage standen viele Auszeichnungen, Angebote und natürlich ein ganzer Stab an hochrangigen und qualifizierten Mitarbeiter sowie ein großartiges Team, das er um sich herum aufgebaut hatte. Erst nach einiger Zeit habe ich so einiges durchschaut, unter anderem, dass dieses großartige Team auf seiner Webseite eigentlich nicht existierte und niemand wirklich mit ihm im Unternehmen arbeitete. Es gab nur einen einzigen Mann, mit dem er in einem Projekt eine Kooperation hatte. Ansonsten war er ein Einzelunternehmer, nur sah es auf der Homepage anders aus. Wie bereits erwähnt, hatten wir ein gemeinsames Seminar angesetzt und geplant, das jedoch aus Mangel an Anmeldungen abgesagt wurde. Als wir auf das Seminar angesprochen wurden, wollte ich genau dies als Antwort geben. Doch er fuhr mir über den Mund und antwortete, dass es ein unglaublich tolles Wochenende gewesen wäre und die Teilnehmer so begeistert waren, dass sie jederzeit wiederkommen würden. Ich war sprachlos, wie konnte er so lügen, wo ich neben ihm saß und die Wahrheit kannte? Auch wenn wir spontan ein Restaurant betraten und gefragt wurden: "Haben Sie reserviert?" Dann log er und sagte: "Ja, auf den Namen XYZ!" Die Kellner sind immer aus allen Wolken gefallen, weil sie die Reservierung nicht finden konnten. Er streute noch Salz in die Wunde, indem er betonte, dass er gestern telefonisch reserviert hätte und sie ihren Laden wohl nicht im Griff hätten. Die Kellner taten natürlich sofort alles, um uns einen Platz zu ermöglichen, egal, wie ausgebucht das Restaurant war. An unserem Tisch angekommen, wollte er sich feiern lassen und sein Lob abholen. Er konnte nicht verstehen, dass ich es alles andere als gut fand und so nicht essen gehen wollte. Frag nicht, was dann los war ... Ich musste mir anhören, wie undankbar ich doch wäre, er hätte das alles doch nur für mich getan, weil ich unbedingt hier essen wollte usw. Dabei wollte nicht ich es, sondern er. Das Spiel hat er zwei Mal in meiner Anwesenheit abgezogen, beim dritten Mal habe ich das Lokal verlassen. Da stand mein Entschluss, ihn zu verlassen, bereits fest. Ich musste nur noch ein paar Dinge regeln und konnte den Sturm und das Drama, das ich damit auslöste, gut ertragen.

14. Was waren typische Konfliktsituationen, ist er oder sie z. B. ohne Grund wütend geworden?

Am Anfang war sie ein Engel – und dann kam von jetzt auf gleich der Teufel aus ihr heraus. Es war irgendwann egal, ob ich etwas gemacht hatte oder nicht, sie war gleich auf 180 und beschimpfte mich. Es gab Zeiten, da zuckte ich zusammen, wenn ich ihr Auto in der Einfahrt hörte. Ich bin dann schnell noch durch das Haus geflitzt, um zu kontrollieren, ob ja alles so war, wie sie es sich wünschte – nur damit es nicht gleich wieder zu einem Ausbruch kam.

Es gab keine Konflikte, da ich oft zu feige war, etwas anzusprechen. Er wusste genau, was mich bewegte, was mir wehtat. Sprach ich es an, zeigte er größtes Verständnis, gelobte Besserung, aber er sei noch nicht so weit wie ich. Er müsse noch viel an sich arbeiten, das dauere eben. Er fand für alles eine Entschuldigung, und wusste er nicht weiter, hieß es: "Ja, ich belaste dich nur. Was willst du mit so einem wie mir?" Und schwuppdiwupp, hatte ich ein schlechtes Gewissen.

Es reichte schon aus, ihn nicht zu loben, ihm nicht zu huldigen für etwas, was er nicht einmal selbst getan hatte, sondern ich erledigt hatte. Auch wenn er mich um meinen Rat oder meine Meinung bat und die sich nicht mit seiner deckte, zog ich seinen Zorn auf mich. Genauso, wenn ich seinen Lügen nicht zustimmte.

15. Wie hat er/sie sich deinen Freunden, deiner Familie, deinen Kollegen gegenüber verhalten? Hat er euch gegeneinander ausgespielt, dich schlecht gemacht, als unglaubwürdig dargestellt?

Sie isolierte mich durch ihr Verhalten immer mehr. Oft stellte sie mich vor meinen Kumpels als Versager hin, der keinen "hochbekommt". Dabei war der Sex zu dieser Zeit noch fantastisch. Meine Freunde lachten, und ich fühlte mich bloßgestellt und erniedrigt. Sie flirtete mit meinen Kumpels und machte sie an, es war widerlich, ihr zuzusehen, und ich zog sie dann von meinen Freunden weg. Wenn ich sie direkt darauf ansprach, lachte sie nur und sagte: "War doch nur Spaß!" Ich solle keine Spaßbremse sein, es hätten doch alle lustig gefunden. Alle außer mir.

Bei meinen besten Freunden stellte sie sich als Opfer dar. Sie erzählte, dass ich sie einengen würde, zu Hause einsperren, bewachen würde und dass ich mich deshalb kaum mehr mit meinen Freunden treffen würde, weil ich sie "bewachen" müsse. Sie nickten nur und wunderten sich jetzt nicht mehr, warum ich mich zurückzog, sie gab ihnen ja die Erklärung. Irgendwann kam einer meiner Freude auf mich zu und meinte, es wäre traurig, wie tief ich gesunken wäre, wenn ich es nötig hätte, meine Freundin einzusperren.

Es gab kaum Kontakt zu meinem Umfeld, er schirmte mich ab und wollte mich exklusiv für sich. Auf einem Nachbarschaftsfest war er sehr charmant, umgarnte die Damen und blamierte mich, weil er als Erster ans Buffet stürzte mit einem markigen Spruch auf den Lippen. Meiner Vermieterin, einer älteren Dame, brachte er Blumen mit und strahlte sie an. Bei meiner Praxiseinweihung becircte er alle und wieselte geschäftig herum. Ein Strahlemann!

Er spielte sich gerne in den Vordergrund: schneller, höher, weiter! Oft fühlte ich mich als Anhängsel oder nur mit ihm vollständig. Meinen Kindern versuchte er, Ratschläge zu erteilen, was nicht gut ankam.

Es gab wenig Berührungspunkte mit meinen Freundinnen und meinem Umfeld, aber bei den wenigen Malen war er entweder extrem charmant und blendete alle oder gab sich als Graf Kotz von Ekel. In diesen Fällen machte er meine Freunde oder Bekannten nieder oder das, was sie sagten. Ich schämte mich zutiefst und habe von da an jeglichen Kontakt oder gemeinsame Treffen vermieden. Wenn ich allein zu einem Treffen wollte, machte er alles nieder, mich, meine Freunde, die Veranstaltung – und am Ende hatte ich keine Kraft oder Lust mehr wegzugehen. In seinem Freundeskreis stellte er mich gerne als seine "Prinzessin" hin und sich als großen Gönner, der mir alle Wünsche von den Augen ablas. Er erzählte, dass er mich beruflich unterstützen würde, weil ich ja sonst erfolg- und brotlos wäre. Er ließ sich für meine Erfolge feiern, als ob sie auf seinem Mist gewachsen wären. Als ich mich von ihm getrennt hatte, erzählte er allen seinen Freunden, dass ich psychische Probleme habe und nur hinter seinem Geld her gewesen sei. Deshalb habe er sich von mir trennen müssen.

16. Wann hast du bemerkt, dass du dich trennen musst? Wann hast du bemerkt, dass du Hilfe brauchst und nicht allein dastehst als Betroffene?

Als ich beruflich nichts mehr auf die Reihe bekam, ich zitterte, wenn sie mit dem Auto in den Hof fuhr. Mein Bankkonto inzwischen leer war. Ich zuckte mittlerweile schon zusammen, wenn sie nur die Augenbraue hob – und ich fragte mich, was ich nun schon wieder falsch gemacht hatte. Ich war ein Schatten meiner selbst. Ich bin gelernter Schreiner und Ingenieur, aber ich traute mich nicht mal mehr, einen Nagel in die Wand zu schlagen, weil es schon wieder falsch sein könnte und einen Wutausbruch und Beschimpfungen provozieren könnte. An diesem Tag bin ich weinend zusammengebrochen, ich lag am Boden. Sie lachte höhnisch und beschimpfte mich, was für ein Waschlappen ich doch sei. Mit so einem wolle sie nicht mehr zusammen sein, da wäre mein Freund XY schon ein anderes Kaliber. Wie so oft ging sie, doch das war ein Teil ihres Spieles mit mir. Doch ich musste diese Chance für mich nutzen und selbst hier raus. Ich wusste, ich hatte jetzt nicht mehr die Kraft, es allein zu schaffen. Auch alle meine Freunde sagten mir immer wieder: "Schau dich an, sie macht dich kaputt. Ich bin da, wenn du Hilfe brauchst." Jetzt brauchte ich sie und ich rief einen Freund an. Er half mir, zu packen und eine Unterkunft zu besorgen. Er organisierte einen Anwalt, der ihr eine Frist setzte, bis wann sie ihre Sachen abholen sollte, half mir, meine Konten für sie zu sperren und das Türschloss auszutauschen.

Als ich mehr weinte als lachte. Ich hatte meinen Mut verloren, mich selbst verloren, mich selbst aufgegeben für einen Mann. Meine Kraft war zu Ende, ich hatte keine Hoffnung und keine Visionen mehr. Ich kam nicht mehr weiter und merkte, wie sehr er mich behinderte und was für ein Energieräuber er war. Meine Angst vor dem Alleinsein war kleiner als die Angst vor dem endgültigen Untergang.

Hilfe habe ich nach der Trennung durch zwei Freunde bekommen. Sie hörten zu, wuschen mir den Kopf, trockneten Tränen, boten mir Asyl und heißen Kakao an. Ich stürzte mich in meine Projekte, arbeitete mit toughen Frauen zusammen und lernte z. B. Frauen wie Gisa Steeg kennen. Ich wurde wieder aktiv und arbeitete an meinen alten Themen, in erster Linie an meiner Selbstliebe. Und plötzlich sah ich an allen Ecken und Enden Menschen, die mit Narzissmus zu tun hatten oder haben. Besonders in der Facebookgruppe, die ich mittlerweile wieder verlassen habe, um frei zu sein für neue Themen.

Für mich zeichnete es sich langsam ab. Ich wusste, so möchte ich mich nicht behandeln lassen. Er kostete mich all meine Kraft und Energie, die mir für mein Business nicht mehr zu Verfügung stand. Es gab Freundinnen, die mich schon lange nicht mehr verstanden und sich von mir abwandten, weil ich mich so beklagte und doch wieder mit ihm zusammen war. Er hatte einen Schlaganfall und ich war kein Mensch, der einen kranken Mann verlässt. Doch irgendwann war es genug. An diesem einen Tag, an dem er mich in einem Streit gegen ein Möbelstück schubste, wusste ich, jetzt hat er alle Grenzen überschritten, so fasst mich kein Mann an!

Ich habe erst, nachdem ich mich getrennt hatte, bemerkt, wie schwer es war, das durchzuziehen und dass ich Hilfe brauchte, um standhaft zu bleiben, weil diese Hooveringphase von vorne begann. Angeblich bereute er alles, es war doch nie so gewesen, wie ich es darstellte, und plötzlich wurden Blumen geliefert, Geschenke waren in der Post ...

17. Liebesentzug, Bestrafungen, Nichtbeachtung sind typisch ... Wie hast du dich dabei gefühlt?

Ich habe mich so oft hilflos gefühlt, ich wollte doch nur die Liebe erhalten, die wir hatten. Ich versuchte, sie glücklich zu machen, und habe mich dabei selbst verloren. Es war wie Himmel und Hölle. Tat ich, was sie wollte, war sie lieb und zärtlich. Ging etwas gegen ihren Willen, wurde sie demütigend, erniedrigend, machte mich schlecht, stellte mich als totalen Versager hin, verhöhnte mich. Ich fühlte mich nur noch ausgelaugt, zu nichts nutze, minderwertig, gedemütigt, wie ein Hund, den man mit Füßen tritt. Sie nahm mir meine Würde und meinen Selbstwert.

Ich fühlte mich betrogen, verlassen, alleine, nicht gesehen, nicht geliebt, leer, unvollständig, verletzt, gedemütigt, zerbrochen, gescheitert, vorgeführt, unwichtig ...

Ich fühlte mich hilflos und ohnmächtig. Diese Hilflosigkeit, nichts gegen diese ungerechtfertigten Demütigungen, Erniedrigungen und ständigen Unterdrückungen oder Beleidigungen tun zu können, war schrecklich. Dieses Ohnmachtsgefühl, dem immer und immer wieder ausgesetzt zu sein, obwohl ich nichts getan hatte und einfach nur seiner Laune und seinem Drama ausgesetzt war. Mein Selbstbewusstsein schwand immer mehr, der Dauerbeschuss über E-Mail, WhatsApp oder die ständige Kontrolle auf den sozialen Medien versetzte mich immer wieder in Stress. Ich konnte und wollte nicht mehr.

18. Was hat der emotionale Missbrauch mit dir gemacht, körperlich, psychisch, emotional, mit deinen Freunden, deinem Freundeskreis?

Ich war abgemagert, ein Schatten meiner selbst, nervös, fahrig. Durch die Anspannung und den Stress konnte ich nicht mehr schlafen. Ich konnte nicht mehr lesen, meine Augen wurden schlechter. Wenn ich etwas las, dann wusste ich am Ende des Satzes nicht mehr, um was es gegangen war, und musste von vorne beginnen. Ich verblödete, die Erschöpfung ließ mich im Beruf Fehler machen und kostete mich fast meine Firma. Meine Kumpels schüttelten nur den Kopf und konnten mich nicht mehr verstehen.

Körperlich war ich für Infekte anfällig, weinte sehr viel, ernährte mich schlecht. Ich war antriebslos, fahl, des Lebens müde, völlig erschöpft, lustlos, extrem berührungssüchtig, labil. Meine Freunde sahen mit Sorge auf mich, konnten nur da sein, verstanden nicht, warum er zwei Gesichter lebte, verstanden ihn nicht. Man stand zu mir, ohne ihn zu verurteilen, da man ihn nie so erlebt hatte wie ich.

Meine Freundinnen konnten mich schon lange nicht mehr verstehen, entweder hatten sie sich zurückgezogen oder ich mich, weil es mir fast schon peinlich war und ich nicht mehr über die Entwürdigungen reden wollte. Sie hatten beobachtet, wie es mir schleichend immer schlechter ging und meine Lebensfreude regelrecht aus mir wich. Meine Kunden nahmen sehr wohl war, dass es mir nicht gut ging. Ich war nicht mehr in der Lage, meinen Job auszuüben. Wie auch? Ich brauchte selbst Hilfe – und die habe ich mir geholt.

Ich hatte Schlafstörungen, Konzentrationsstörungen, konnte mich auf nichts mehr konzentrieren, am Schluss kamen sogar Sehstörungen hinzu, die Dauermüdigkeit erschöpfte mich zusätzlich. Vor lauter Stress habe ich nur noch Kaffee getrunken, um wach zu bleiben. Schokolade und Süßkram in mich hineingestopft, um meiner "Seele" etwas Gutes zu tun. Mein Gewicht hat sich innerhalb von 14 Monaten um 13 Kilogramm erhöht. Am Schluss war ich voller Selbstzweifel, depressiv mit Suizidgedanken, nur um dem Psychoterror zu entkommen. Meine Haut wurde fahl, grau und mein Gesicht sah zehn Jahre älter aus. Ich war eine leere Hülle. Die selbstbewusste und lebensfrohe Frau in mir war gestorben.

19. Wie war es für dich, als du dich getrennt hast? Wie hast du dich gefühlt? Wie hast du den körperlichen Stressentzug erlebt?

Ich habe mich für vier Wochen in einer abgeschiedenen Landpension verkrochen, ich konnte nicht mehr. Bei jeder Nachricht zuckte ich zusammen, bei jedem Anruf bekam ich fast schon Panikattacken und Schweißausbrüche. Ich vermisste sie so sehr, ich wünschte mir so sehr, dass sie anruft, obwohl ich wusste, dass es das reinste Gift für mich ist. Ich fühlte mich wie auf einem Drogenentzug. Es war alles so unwirklich. Wo war der erfolgreiche, attraktive Mann geblieben, der ich einst war?

Meine Freunde wussten, wo ich war und kamen, um mich zu unterstützen, für gute Gespräche oder einfach nur, um mit mir im Wald schweigend spazieren zu gehen. Sie waren für mich da, und nach einer Woche konnte ich langsam wieder einschlafen. Nach vier Wochen konnte ich wieder nach Hause, nachdem ich wusste, dass sie ausgezogen war und alle ihre Sachen mitgenommen hatte. Im Haus erlebte ich eine weitere Überraschung, sie hatte sich noch an meinen Möbeln vergriffen und mitgenommen, was noch gut oder wertvoll war. Doch das war mir egal, es erinnerte mich sowieso alles zu sehr an sie.

Ich war leer! Unfähig, etwas zu tun! Ich weinte stundenlang und brauchte meine allerletzte Kraft, um nicht doch wieder auf ihn zu reagieren. Ich fiel in ein unendlich tiefes Loch und er fehlte mir in jeder Sekunde. Allerdings war ich ohnehin mehr Zeit ohne ihn als mit ihm. Dann kam das Stalking seinerseits, was mir alles abverlangte. Er befand sich in meiner räumlichen Nähe, obwohl ich für vier Wochen in einer anderen Stadt lebte. Er postete es und meine Freundinnen informierten mich darüber. Ich spürte keine Angst, aber es machte mir großen Druck. Und wieder kamen endlose Mails mit guten Tipps zum Essen und Shoppen und dem Wunsch, ich möge mit/bei einem anderen Mann aufwachen und die Liebe bekommen, die ich verdient habe. Und er stellte sich als Opfer dar, das aber mittlerweile gute Fortschritte mache, sein eigenes Leben lebe und sehr spontan Dinge tue, ohne große Planung, die ich gerne gesehen hätte. Als er dann meiner besten Freundin per WhatsApp ein Foto von sich und seinem Sohn unter der Sonne Spaniens schickte (braungebrannt, mit nacktem Oberkörper), platzte mir der Kragen. Ich erwirkte eine einstweilige Verfügung gegen ihn. Ich hatte ihm die Telefonnummer meiner Freundin nicht gegeben und sie auch nicht ... Was hatte er noch bei mir ausspioniert? Ich kontrollierte alle Lampen etc. nach Kameras und Mikros, leicht paranoid, aber verständlich bei so einer Erfahrung.

Im ersten Moment fühlte ich mich (wie bereits alle anderen Male) gut dabei, es zu beenden. Ich wusste, wenn ich bleibe, gebe ich mich und mein Leben auf. Dann machte er mal wieder auf leidenden Schwan, er bereue alles, ihm ginge es körperlich so schlecht usw. Das drückte sofort auf mein Gewissen und aktivierte mein Helfersyndrom. Doch ich erinnerte mich an all die vorhergehenden Situationen, einer weiteren Manipulation wollte ich mich nicht wieder aussetzen. Ich verließ meine eigene Wohnung und ließ ihn zurück. Ich stand für weitere Diskussionen nicht mehr zur Verfügung, ich wollte nicht mehr. Als ich nach Hause kam, war er weg. Erst als ich dann wieder alleine war und seine unzähligen Sprachnachrichten und Liebesbekundungen las, tobte innerlich wieder ein Sturm der Emotionen. Ich versuchte, diese Liebesbekundungen per Messenger und Co. zu ignorieren. Dennoch schaute ich ständig auf mein Handy, ob da nicht doch eine Botschaft war. Bei jeder Nachricht war es, als ob mein Körper endlich seinen Schuss an Drogen bekam. Es ging wochenlang so, immer wieder kamen Bilder von Orten, an denen wir gewesen waren, dazu die Worte: "Du fehlst mir so, hier wäre ich so gerne mit dir." Das hielt mich und mein Stresslevel weiter hoch – und wenn ich nicht reagierte, wurde er beleidigend, stalkte mich auf den sozialen Medien. Als ich ihn blockierte, wurde er bösartig auf eine Art und Weise, die mir Angst machte, so dass ich die Blockade fast wieder aufhob. Dafür legte er sich einen Fake-Account an. So konnte er mich weiter auf Facebook stalken, aber ich bemerkte es an der Art der Kommentare und schaffte es, auch das zu blockieren. Es war wirklich wie ein Tanz mit dem Teufel, der nicht aufgeben wollte. Wenn ich irgendwo ein Auto seiner Marke sah, zuckte ich zusammen. Es dauerte Monate, bis ich alle Kanäle und auch alle gemeinsamen "Freunde und Bekannten" hinter mir gelassen hatte. Ich war in eine Therapie gegangen, um die Erlebnisse aufzuarbeiten und um zu sehen, dass ich viele dieser Verletzungen und dieses Gefühl der Hilflosigkeit aus meiner Kindheit kannte. Ich erkannte auch, dass nicht nur meine Seele, sondern auch mein Körper ausgebrannt und leer war und beide erst wieder genügend "Nahrung" brauchten, um wieder auf die Füße und ins Leben kommen zu können.

20. Wie ist dein Leben danach? Wie geht es dir jetzt?

Ich bin nicht mehr derselbe Mann, ich bin misstrauisch. Es hat sehr, sehr lange gedauert, bis ich wieder in meine Kraft gekommen bin. Freunde, eine Selbsthilfegruppe und auch eine Therapie haben mir dabei geholfen.

Bei jedem Date, das ich hatte, oder wenn ich eine Frau kennenlernte, hinterfragte ich mich und mein Gegenüber. Ich horchte hin. Es dauerte Jahre, bis ich wieder vertrauen und mich für eine neue Liebe öffnen konnte. Ich habe meine Erfahrung mit meiner neuen Partnerin besprochen und sie selbst hatte nicht nur Verständnis, sondern selbst etwas Ähnliches erlebt. Wir haben gelernt, mit unseren Wunden umzugehen.

Die Trennung ist jetzt ziemlich genau drei Jahr her. Ich habe viel für mein Business gearbeitet und vor allem an mir. Ich habe Seminare besucht, viel gelesen und gehört und meine Freiheit genossen.

Ein Meilenstein war ein Schweigeseminar, in dem ich fürchtete, dass alle Gedanken sich nur um ihn drehen würden, was aber nicht der Fall war. Ab da spürte ich, ich gesunde, denn er war nicht mehr im Fokus.

Ich lerne viele interessante Menschen kennen, reise beruflich sehr viel, habe neue Projekte, die mich finden, und fühle mich sehr in meiner Mitte.

Ja, ich habe mich wieder verliebt: in MICH! Mein Herzensprojekt erfüllt mich, und ich strahle innen wie außen. Ich bin wieder mit mir verbunden. Wie es sein wird, wenn ich ihm wieder einmal gegenüberstehe, weiß ich nicht. Ich habe ihn auf Facebook immer noch geblockt. Eigentlich würde ich die Blockade gerne aufheben, um ihm zu zeigen, dass er mich nicht klein bekommen hat. Auf der anderen Seite ist es wohl ein billiger Triumph! Auf diese Stufe stelle ich mich besser nicht, denn das bin ich nicht.

Er wird seine Strafe bekommen, irgendwann, irgendwo; vielleicht hat er sie schon, da er andere nicht lieben kann, nur sich selbst. Was ja auch sein Doppelleben zeigt, von dem ich erst später erfahren habe, was sich für mich noch einmal befreiend anfühlte.

Ich fühle mich wieder bereit, Männer zu lieben, und habe auch Sehnsucht nach Körperlichkeit und dem Wir-Gefühl.

Ich wünsche mir, dass ich in einer neuen Verbindung in meiner Mitte bleibe und mich nicht gleich wieder mit Haut und Haaren dem anderen verschreibe. Ich bin eben eine Kümmerin, will umsorgen und es dem Partner schön machen. Meine alten Muster brechen da durch; aber auch das werde ich noch ablegen.

Ich brauchte eine Weile, um wieder in meine Kraft zu kommen. Und du kannst mir glauben, ich hatte mir geschworen, so ein emotionaler und narzisstischer Missbrauch würde mir nie wieder passieren. Weit gefehlt, mir sind später tatsächlich Geschäftspartner oder "Freundinnen" begegnet, mit denen ich neue Lebenserfahrungen sammeln durfte. Beziehungstechnisch habe ich mir danach jeden Mann genau angesehen und lange auf Abstand gehalten. Als ich jemanden kennenlernte, dauerte es ein halbes Jahr, bevor ich mich auf diese neue Partnerschaft einließ. Er war charmant, redegewandt, großzügig und ließ mir meinen Freiraum, zeigte für so vieles in meinem Leben Verständnis und es war keine Spur von Eifersucht und Drama erkennbar. Ich fühlte mich save – aber: Ich war dem zweiten Narzissten begegnet, und dieses Mal war es ein verdeckter Narzisst. Das Spiel begann von vorne.

Aber dieses Mal erkannte ich die Zeichen und die Manipulationen. Mit dem Wissen aus der vorigen Beziehung und der Stärke, die ich mir aufgebaut hatte, konnte ich die Muster erkennen und mich schneller lösen. Auch bei toxischen Freundschaften stehe ich nicht mehr für das Drama oder als "Bühne" zur Verfügung.

3.

Die Neben- und Nachwirkungen

3.

Wenn die Seele weint, folgt der Körper nach

Jegliche Gewalt, ob verbal oder körperlich, hat Folgen und hinterlässt seelische Narben, welche sich auf Dauer körperlich manifestieren. Das durfte ich in meinen vielen Jahren als Beauty- und Wellnessexpertin erfahren. Oft sind die Klienten während der Massagen und Berührungen in Tränen ausgebrochen, weil sich körperliche Blockaden gelöst hatten. Diese konnte und kann ich inzwischen mit gezielten Coaching-Interventionen auffangen und lösen. Bei meinen Nachforschungen stellte ich fest, dass jede Zelle ein Zellgedächtnis hat und dass jede emotionale Verletzung und jedes Trauma abgespeichert wird. Das beweisen Forschungen von führenden Wissenschaftlern wie z. B. die des amerikanischen Zellbiologen Bruce H. Lipton, einem Pionier der Epigenetik. Als ich über das Hörbuch "Intelligente Zellen: Wie Erfahrungen unsere Gene steuern" (Koha Verlag GmbH 2016) stolperte, fühlte ich mich in meiner These endlich bestätigt. Wenn du mehr über seine Arbeit erfahren möchtest, empfehle ich dir das Buch.

Der Zellbiologe macht in seinen Forschungen nicht nur die Biologie für alles verantwortlich, sondern zeigt auch, welche Einflüsse das "Zellgedächtnis" auf unser Leben hat: Organspenden beweisen, dass Zellen so etwas wie ein "Gedächtnisvermögen" besitzen, was sich an wissenschaftlich zu beobachtenden Verhaltensveränderungen nach einer Organtransplantation zeigt. Lipton steht auch auf dem Standpunkt, dass nicht nur die Gene die Lebensweise des Menschen bestimmen, sondern auch die Reize aus seiner Umwelt, auf die er reagiert. Die Zellaktivitäten werden durch unsere Nahrung, unsere Verhaltensweisen, ja selbst durch unsere Gedanken und Gefühle verändert.

Vielleicht hast du auch schon einmal von dem Experiment des Forschers Dr. Masuro Emoto gehört? Er hatte in seinen zahlreichen Versuchen gezeigt, dass Wasser auf bestimmte Schwingungen (Wörter, Musik usw.) mit der Bildung von Wasserkristallen reagiert. Er hat Wasser mit klassischer Musik oder mit Hardtrock beschallt, mit freundlichen, liebevollen oder auch mit lauten, hasserfüllten Worten besprochen. Dieses Wasser hatte die "Gefühle" oder "Emotionen" gespeichert, und als er das Wasser einfror und die gefrorenen Wasserkristalle untersuchte, waren unglaubliche Unterschiede zu erkennen. Während die "hasserfüllten Kristalle" wild, zackig und unschön anzusehen waren, bildeten sich die Wasserkristalle, welche mit Liebe, Zärtlichkeit und wohlklingenden Worten oder Schwingungen beschallt worden waren, bezaubernd schön aus. Das bedeutet ganz klar: Deine Gedanken und Stimmungen werden von dem Wasser in deinen Zellen aufgenommen und gespeichert. Da unser Körper zu 75 bis 85 Prozent aus Wasser besteht, kannst du dir vorstellen, wie negative Gedanken auf unser Zellgedächtnis wirken.

95 Prozent unserer täglichen Gedanken sind negativ oder überflüssig. Und das Schlimmste ist: Sie kehren täglich wieder. Und täglich grüßt das Murmeltier ... Doch diese Tatsache führt

nicht selten zu Niederlagen oder zum Fehlschlagen unserer Vorhaben, unserer Ziele, Beziehungen oder Träume. Wie oft ertappen wir uns dabei, dass wir die Zukunft schon vorher "negativ" denken und sie damit selbst zum Schlechten hin wenden.

Demnach entspricht auch die Vorstellung, das Worte positive und negative Schwingungen enthalten, die Einfluss auf unsere Zellen haben, den Grundlagen allgemeiner Quantenphysik, die von der Wissenschaft inzwischen belegt ist. Jetzt ist auch klar, wie destruktiv es sein kann, eigene negative Emotionen durch Sprache und Worte zu verstärken. Deshalb wirkt auch jede Demütigung, jede verbale Gemeinheit oder Entgleisung wie eine Verletzung, die in den Zellen abgespeichert wird, was auf Dauer krank macht.

Kannst du dir jetzt vorstellen, was das mit deinem Selbstwert, deiner Selbstliebe und deinem Selbstbewusstsein macht, wenn du deine tägliche Dosis Gift in Form von Beleidigungen, Demütigungen, Unterstellungen, Erniedrigungen und Entwürdigungen bekommst von deinem toxischen Partner, Chef oder auch von einem Familienmitglied? Wenn du geradezu "besprochen" wirst und das alles ungefiltert in deinem Körper und in deinem Unterbewusstsein gespeichert wird?

Was macht der emotionale und narzisstische Missbrauch mit der Seele und dem Körper?

Wie du bereits erfahren hast, hinterlässt das Ganze nicht nur Spuren in den Zellen und der Seele, nein, der Körper folgt nach. Stress löst Emotionen und damit auch einen Cocktail an körpereigenen Hormonen aus. So wird ein sogenannter Stresskreislauf in Gang gesetzt. Dieser Stresskreislauf wird durch eine permanente Flucht-oder-Kampf-Reaktion am Leben erhalten.

Wir können die Folgen des Missbrauchs in einer Beziehung genau bezeichnen, auch welche psychischen und physischen Anzeichen es gibt bei Betroffenen nach oder während der Trennung:

Körperliche Beschwerden und Symptome

- Chronisches Erschöpfungssyndrom
- Müdigkeit
- Konzentrationsschwierigkeiten
- Gedächtnisprobleme (kann nichts mehr lesen oder verstehen)
- Depressionen
- Antriebslosigkeit
- Kopfschmerzen
- Muskelschmerzen und -verspannungen
- Gelenkschmerzen
- Gewichtszunahme oder -verlust durch stressbedingte Appetitlosigkeit oder Fressattacken
- Fahle, müde und graue Haut und extreme Hautalterung
- Haarausfall
- Hautausschläge
- Infektanfälligkeit

Psychische und psychosomatische Symptome und Folgen

Posttraumatische Belastungsstörungen (PTBS) in Folge der traumatischen Erfahrungen von verbaler und körperlicher Gewalt, sexuellem Missbrauch, Demütigungen und Erniedrigungen

- Paranoia
- Essstörungen
- Psychische Labilität und Instabilität
- Konzentrations- und Gedächtnisschwund
- Schlafstörungen
- Agoraphobie (Angst, das Haus zu verlassen)
- Suchtverhalten zur "Schmerzbetäubung" (Handy, Spiele, Sex, Drogen, Alkohol)
- Depressionen
- Albträume
- Suizidalität, um dem Gefängnis zu entkommen

Folgen und Auswirkungen auf das persönliche und soziale Verhalten

- Keine Lust mehr auf Sexualität oder körperliche Nähe
- Schreckhaftigkeit und Unfallanfälligkeit
- Kann mit dem einfachen Alltag nicht mehr zurechtkommen, z. B. die Wohnung und – was noch viel schlimmer ist – der eigene Körper und die Körperpflege werden vernachlässigt.
- Ist ständig auf "Hab-acht-Stellung" (Flucht-oder-Kampf-Modus) und ist extrem reizbar sowie dünnhäutig.
- Tiefe Verzweiflung und depressive Verstimmungen
- Zieht sich zurück und isoliert sich selbst (oder wird isoliert)
- Selbstabwertung und Selbstbeschuldigungen, Glaube, an allem Leid selbst schuld zu sein

- Misstraut jedem, traut niemandem mehr, sieht überall nur noch Narzissten oder Psychopaten, die einem schaden wollen.
- Stürzt sich von einer Beziehung in die nächste, nur um sich selbst und den Schmerz nicht aushalten zu müssen.
- Betäubt sich und seine Gefühle, z. B. mit Suchtmitteln
- Verliert das Interesse an den eigenen Hobbys (wenn sie nicht schon madig gemacht wurden und Teil der gezielten Isolation waren)
- Verlust des Selbstwertes und des Selbstbewusstseins durch die ständige Abwertung und Erniedrigung
- Sieht für sich keine Zukunft mehr, findet keinen Ausweg, Selbstmordgedanken kommen auf.
- Hoffnungslosigkeit, Depressionen lähmen jegliche Aktion.

Diese Liste ist bestimmt nicht vollständig, doch es ist sehr schön eindrücklich, was dieser Dauerstress und die daraus entstehende Kettenreaktion mit einem macht.

Stoffwechselvorgänge und Zusammenhänge bei emotionalem Stress erkennen

Nun lass uns mal hinsehen, was bei einem narzisstischen Missbrauch passiert. Ich kann hier nur ganz kurz darauf eingehen, deshalb hat dieses Kapitel keinen Anspruch auf Vollständigkeit, es soll jedoch zum besseren Verständnis der Zusammenhänge führen.

Die Auswirkungen müssen nicht unbedingt eine Reaktion auf den Stress in einer Beziehung sein, es kann auch eine Dauerbelastung im Beruf, im Alltag, bei der Pflege eines Familienangehörigen oder in der Familie sein.

Der Text soll verdeutlichen, weshalb es Missbrauchsopfern und Opfern von ständiger verbaler und körperlicher Gewalt so schwerfällt zu gehen und warum sie so oft wieder zu ihren Peinigern zurückkehren, weil sie den "körperlichen Entzug" nicht aushalten können. Es ist die Sucht nach dem "Hormon-Cocktail", den der Narzisst mit seinem Verhalten auslöst. Mit jeder Erniedrigung, mit jeder Demütigung, mit jedem Schlag ins Gesicht wird der "Cocktail" ausgeschüttet und der Junkie (das Opfer) erhält seine Droge, was die Abhängigkeit erklärt.

Sogar in Selbsthilfegruppen für Opfer von Narzissten liest man Sätze wie:

"Warum komme ich von meinem Narzissten nicht los?"

"Warum vermisse ich ihn/sie so sehr, warum lasse ich mich immer wieder auf ihn/sie ein?"

"Ich schäme mich, dass ich nicht loskomme, er/sie hat so viel Macht über mich."

"Mein Umfeld versteht mich nicht. Eigentlich müsste es mir doch besser gehen, wenn er/sie weg ist, aber ich vermisse die Person körperlich, es schmerzt so ..."

Da steckt pure Verzweiflung dahinter, und die Menschen können ihr eigenes Verhalten nicht mehr verstehen. Bei einer Trennung erlebt das Opfer nicht nur den ganz normalen Trennungsschmerz und Liebeskummer, nein, es ist auch ein körperlicher und emotionaler Entzug. Unser Körper reagiert auf Stressoren (Auslöser für Stress), in diesem Fall ist der Narzisst der Stressor.

Durch die psychische Belastung und den Dauerstress produziert der Körper einen Hormoncocktail mit überlebenswichtigen Stresshormonen. Der Sympathikus regt die Nebennieren an und diese schütten dann in Dauerproduktion Cortisol und Adrenalin aus, was zur Folge hat, dass der Parasympathikus seine Funktionen runterfährt und das Immunsystem drosselt. Der Parasympathikus ist für die Regulation und Ausschüttung der Entspannungshormone zuständig, wie Serotonin (Glückshormone), Melatonin (Schlafhormon), Dopamin (auch ein Glücks- und Antriebshormon). Diese nennt man auch Neurotransmitter, denn sie steuern das zentrale Nervensystem. Evolutionsbedingt wirkt es auch heute noch und wird auch als unser "Flucht-oder-Kampf-System" bezeichnet.

Flucht-oder-Kampf-Modus

Stress ist im Ursprung erst einmal nicht schädlich, sondern dient uns zum Überleben. Doch die Dosis macht das Gift, sagte bereits Paracelsus.

Die biologischen Stressreaktionen wurden von dem Psychologen Walter Cannon in der sogenannten "Fight-or-Flight"-Theorie zusammengefasst. Demnach brauchen wir Stress entweder für den Kampf oder für die Flucht. Diese beiden Reaktionen waren in der Urzeit von größter Bedeutung. Wir mussten bereits zu Urzeiten in Gefahrensituationen sekundenschnell entscheiden, fliehen oder kämpfen.

Die dritte Reaktion ist tot stellen, deshalb reagieren wir in "ungewöhnlichen" Situationen oft mit einem Blackout, uns fällt gerade nichts ein – und erst wenn die Situation vorbei ist, kommen uns Ideen, wie wir in dieser Situation hätten antworten oder reagieren können. So etwas kennst du bestimmt auch, wenn mal kurz das Gehirn aussetzt. In extremen Gefahrensituationen, z. B. bei Gewaltverbrechen, kann es lebensrettend sein. Bei dieser Reaktion wird nämlich der Puls heruntergefahren, das Denken und das Schmerzempfinden werden kurzzeitig ausgeschaltet und auch Erinnerungen daran sind kaum oder gar nicht vorhanden.

Aber zurück zum Flucht-und Kampf-Modus. Wenn wir ständig den Stressoren ausgesetzt sind, wird im Gehirn eine Reaktionskette ausgelöst. Der Sympathikus (als Teil des vegetativen Nervensystems) regt die Nebennieren an und diese schütten dann in Dauerproduktion Cortisol und Adrenalin aus, was uns wach, aufmerksam und in Alarmbereitschaft hält. Die Folgen davon sind ein Daueranstieg des Herzschlages, des Blutdrucks, des Pulses, ebenso steigen Hautwiderstand und Muskelaktivität an, während die Darmtätigkeit gehemmt ist. Über die Nahrung werden Proteine aufgenommen und im Verdauungsprozess zerkleinert und enzymatisch aufgespalten, bis letztlich die kleinste Einheit eines Proteins, die Aminosäuren, daraus entstehen. Nach der Aufspaltung werden diese über die Darmwand in den Blutkreislauf aufgenommen. Dort können sie für Bau- und Energiestoffwechsel verwendet werden.

Doch die Darmtätigkeit ist im Dauerstress gehemmt, was wiederum dazu führt, dass lebens- und überlebensnotwendige Aminosäuren und weitere Nährstoffe fehlen. Aminosäuren sind ein wichtiger Bestandteil des Stoffwechsels. Fehlen sie, sind zahlreiche Prozesse nicht mehr möglich. Aminosäuren sind an der Regulation der Hormonbildung beteiligt. Proteine sind die essenziellen Komponenten im menschlichen Körper. Sie werden für die Bildung von Strukturen, Funktionen sowie für die Regulation jeder Körperzelle, jedes Gewebes und aller Organe benötigt. Sie sind unverzichtbare Energielieferanten.

Chronischer oder intensiver Stress kann auch die Nebennieren überlasten. Wenn dann noch der Vorrat an Cortisol erschöpft ist, kann das weitere Auswirkungen auf die Schilddrüse haben. Deshalb läufst du (und mit dir deine Zellen) nach so einem psychischen Dauerstress leer, du bist wie ausgebrannt. Wenn die Zellen leer sind, hat das Auswirkungen auf deine emotionale, psychische und körperliche Verfassung (die ich bereits ausführlich beschrieben habe), z. B. Antriebslosigkeit, Schlafstörungen, Verspannungen, Kopfschmerzen können auftreten und sich steigern bis hin zu Depressionen und schweren Krankheiten. Du kannst mit dem emotionalen Missbrauch, den Demütigungen und Erniedrigungen noch weniger umgehen, dir fehlt die Kraft, zu kämpfen und zu gehen. Wie sagte einmal eine Kundin zu mir: "Für Wut oder das Gehen fehlte mir die Kraft."

Du erkennst den Zusammenhang und den Stresskreislauf und warum es so wichtig ist, die Auswirkungen multifaktorisch zu betrachten und zu behandeln! Vielleicht verstehst du nun besser, warum es den Opfern so schwerfällt, sich zu trennen, die Trennung durchzuziehen, ohne wieder "rückfällig" zu werden und zurückzugehen. Denn jeder Kontakt (gewünscht oder unerwünscht) führt unweigerlich zur weiteren Ausschüttung des gewohnten Hormoncocktails. Adrenalin und Cortisol führen automatisch zu einem "Hochgefühl" und zur Hoffnung, dass sich alles zum Guten wenden wird. Man kann es auch als körperliche "Stresssucht" bezeichnen. Wenn der Narzisst nicht mehr da ist, empfindet der Körper einen "Entzug", bis der Stresskreislauf durch den Narzissten wieder in Schwung kommt. Es ist paradox.

Leider führen dieses "Hochgefühl" und die extreme Hormonausschüttung auch zu psychischen und/oder physischen Zusammenbrüchen, die sogar Todesängste oder Todessehnsüchte auslösen können. Suizid wird oft als einziger Ausweg gesehen. Bitte lass dir helfen, du bist nicht allein!

Wie ist es mir oder meinen Klienten in dieser Zeit ergangen?

Auch ich habe in dieser Zeit Himmel und Hölle erlebt, geliebt und gelitten. Mein unerschütterlicher Glaube an das Gute in ihm wollte das alles nicht erkennen. Immer wenn ich mich ihm entzogen hatte, hatte ich so eine Sehnsucht, mein Körper hat vor

Sehnsucht geschmerzt. Ich habe mich selbst nicht wiedererkannt und nicht mehr verstanden, ich war wie ein Junkie, der auf Entzug ist. Diese innere Hoffnung, es könnte wieder so werden, wie es einmal war, war unerschütterlich. Reiner Selbstbetrug.

Trotzdem musste er nur wieder eine WhatsApp schreiben oder anrufen, was er auch gerne tat, war dann auch wieder vom Lieblichsten und Feinsten, zeigte seine charmanteste Seite – und mir ging es wieder gut. Ich wusste, er schadet mir, doch ich wollte ihn und den Kontakt lange nicht missen, dabei gab es auch weiterhin Gemeinheiten und Demütigungen.

Warum nur? Warum ich, warum kam ich nicht von ihm los, obwohl ich anderen half? Nun hing ich selbst so tief drin. Warum klebte ich in diesem Spinnennetz fest? Ich war durch den Dauerstress ausgelaugt, und mein Körper war an seinen Hormoncocktail gewöhnt, abhängig geworden. Wenn der Narzisst wieder in meinem Leben war, war mein Körper auf seiner Dosis Hormone. Das ist der Grund, warum wir immer wieder zu solchen Menschen zurückgehen, warum dann Gedanken kommen wie: "Ach, es war ja nicht alles immer schlimm." "Er/sie hat auch seine/ihre guten Seiten." Und das ganze andere Schönreden.

Aber ich konnte mich selbst nicht verstehen, mein Umfeld schon gar nicht mehr, die sagten alle: "Gisa, du bist doch so eine clevere und starke Frau, warum kommst du nicht von dem Mann los? Der tut dir nicht gut." Ich habe auch noch angefangen, mich selbst zu verurteilen und ihn in Schutz zu nehmen. Ich musste erkennen, ich war eine Co-Abhängige. Ich, die sonst so starke Frau?!

Irgendwann konnte ich gar nicht mehr, ich war ausgebrannt, der völlige Zusammenbruch.

Ich hatte ein emotionales Burnout mit Schlafstörungen, einer Gewichtszunahme von 13 Kilo in nur 14 Monaten, denn das Stresshormon Cortisol braucht Kohlenhydrate, um zu funktionieren. Deshalb habe ich fast nur noch Süßes und Ungesundes gegessen. Ich war nervlich am Ende, fast nicht mehr fähig, meinen Beruf als Coach auszuüben, da ich übermüdet und depressiv war. Dabei bin ich eigentlich ein lebensfroher Mensch und eine Mutmacherin für andere.

Meine Haut wurde fahl, grau und mein Gesicht sah zehn Jahre älter aus. Erst als ich den Kontakt komplett abgebrochen habe, mich bei einem Kollegen psychisch behandeln ließ, meine Zellen mit Mikronährstoffen auffüllte und meine Ernährung wieder komplett umgestellte, viel spazieren ging und mich bewegte, ging es mir besser. Ich ließ mich massieren, weil jede emotionale Verletzung sich in den Zellen und im Muskelgewebe manifestiert, und nach nur vier Wochen konnte ich wieder schlafen. Mir ging es emotional wieder besser, die Haut wurde wieder schöner, glatter, nicht mehr so grau, meine Fressattacken haben nachgelassen, das Gewicht regulierte sich wieder und ich wurde wieder lebensfroher.

Eine Klientin berichtete mir:

Ich wusste, dass mein Ex mir absolut nicht guttat. Er betrieb permanent *silent treatment* (durch Schweigen und Ignorieren bestrafen), dann *hoovering* (er zog mich immer wieder zu sich, um mich dann wieder wie ein Stück Dreck wegzuwerfen) und *love bombing* (er überschüttete mich mit Liebesbekundungen und Blumensträußen (dabei wusste er, dass ich keine Blumen mag). Ich will das nicht mehr für mich. ABER wir beide ziehen uns an wie Magneten. Ich habe so ein extremes Verlangen nach ihm, besonders körperlich. Mein Körper sehnt sich so nach Sexualität mit ihm. Die Sehnsucht nach seiner Nähe macht mich wahnsinnig. Wenn er hier ist und mich nur aus Versehen an der Hand berühren würde, wäre es wieder um mich geschehen.

Ich möchte definitiv KEINE Beziehung mehr mit ihm, aber die Anziehungskraft ist kaum auszuhalten. Wenn er hier ist, werde ich versuchen, jeglichen körperlichen Kontakt zu meiden. Ich schaffe es auch nicht, den Kontakt abzubrechen. Es ist ein Spiel mit dem Feuer, an dem ich mich wieder und wieder schwer verbrenne. Das Problem ist, dass ich dann gerne mal meine eigenen Prinzipien über Bord werfe, wenn mein Verlangen nach seiner Nähe zu groß wird. Ich schaffe es nicht, das zu kontrollieren. Ich bin verzweifelt und ich kann mich nicht mehr verstehen.

Fazit

Verstehst du nun, was dieser emotionale, narzisstische, vielleicht sogar sexuelle Missbrauch mit dem Körper und der Psyche macht und warum es so wichtig ist, einen ganzheitlichen Arzt oder Heilpraktiker zu finden? Es ist wichtig, den Körper und jede Zelle aufzufüllen und wieder ins Gleichgewicht zu bringen, dann zieht die Seele auch schneller nach.

Co-Abhängigkeit – Co-Narzissmus

Wen sucht sich ein Narzisst als Opfer aus? Menschen mit einer narzisstischen Prägung suchen sich Partner, die ihre eigenen Defizite und Süchte stillen sollen. So haben sie, wie bereits beschrieben, ausgeprägte Sehnsüchte nach Anerkennung, Liebe, Bewunderung, Macht usw. Deshalb suchen sie sich meist liebevolle, herzliche, gebende Frauen (oder Männer) aus, jemanden, der immer das Gute im Menschen sieht. Eine Person, die das Leben liebt und Spaß und Freude am Leben hat. Personen, die diese Lebenslust versprühen und andere daran teilhaben lassen. Die im Mittelpunkt stehen, viel positive Lebensenergie haben und bei denen der Narzisst die Möglichkeit hat, an diese Lebensenergie anzudocken und diese abzusaugen. Denn er selbst ist ja leer. Ab und an sucht er sich auch eine sehr intellektuelle Person, um von deren Wissen zu profitieren. Dann suhlt er sich in deren Glanz, stiehlt ihre Ideen und verkauft diese dann als seine eigenen Geistesblitze.

Es sind kurz und gut gesagt Menschen, die lieber geben als nehmen. Menschen, die soziale und humane Maßstäbe ansetzen, um anderen zu dienen, sie glücklich zu machen. Sie vertrauen zu 100 Prozent und glauben nicht daran, dass es Menschen gibt, die dieses Vertrauen missbrauchen und anderen Leid und Liebeskummer zufügen. Oft stellen diese empathischen Menschen ihre eigenen Bedürfnisse in toxischen Beziehungen hintan, nur um Konflikte und Angriffsflächen zu vermeiden. Und häufig wird die eigene Abhängigkeit mit Liebe verwechselt. Sich zum Narzissten hingezogen zu fühlen, bedeutet jedoch nicht unbedingt, dass man geliebt wird oder ihn liebt.

Wie oft hörte ich schon Sätze wie:

"Er hat doch auch seine liebevollen Seiten."

"Er hat es doch nicht so gemeint."

"Er/sie stand mir doch so nahe, ich habe noch nie so geliebt, wie ich ihn/sie geliebt habe."

"Er/sie hat sich ja entschuldigt."

"Hätte ich mich nur mehr angestrengt, dann hätte er/sie mich nicht verlassen."

"Er/sie war unglücklich mit mir, deshalb ist er/sie fremdgegangen, hat mich geschlagen, betrogen, belogen, mich kontrolliert, gestalkt ..."

Das ist wie Sahne auf einen Hundehaufen zu geben, damit es nicht mehr so stinkt und schöner aussieht. Doch die Sahne zerläuft und darunter stinkt es weiter. Ein klassischer Fall von: Ich muss mir die Welt, die Beziehung und den Partner schönreden, sonst halte ich es nicht mehr aus. Und wenn ich es mir und den anderen lange genug erzähle, vielleicht ändert er/sie sich doch noch ... Das ist purer Selbstbetrug, der lediglich dem Selbstschutz dient.

Doch wo könnte der Ursprung für Co-Abhängigkeit oder die Sucht nach dem Narzissten liegen? Ich stelle in diesen Situationen oft die Frage: "Hast du dich in ihn/sie verliebt oder in das Gefühl, dass er/sie in dir ausgelöst hat." Sehr oft folgen ein nachdenklicher Gesichtsausdruck und ein langes Schweigen. Die Antwort lautet dann in 98 Prozent der Fälle: in das Gefühl, dass er/sie in mir ausgelöst hat. Man hat mich zum ersten Mal in meinem Leben geliebt, gesehen, wahrgenommen, wertgeschätzt. Er gab mir das Gefühl, etwas ganz Besonderes zu sein ...

Dann stelle ich die Frage: "Was hat er/sie dir gegeben, was du dir nicht selbst geben konntest?" Die Liste ist oft endlos ... Und dann wird dem Klienten die eigene Bedürftigkeit (der eigene Schattenanteil) klar. Oft laufen wir vor uns selbst weg und suchen im Außen, weil wir uns, unsere Gefühle, unsere eigene Bedürftigkeit nicht aushalten können. Dann kommt da so ein charmanter, charismatischer Prinz daher, erzählt etwas von wahrer Liebe, hört dir zu und gibt dir das Gefühl, eine Prinzessin oder sogar eine Königin zu sein. Du weißt es nicht, aber du gehst dann manchmal einem Narzissten ins Netz. Dann klebst du als Opfer emotional in diesem Spinnennetz, und je mehr du versuchst, dich zu befreien, zu strampeln, dich zu wehren, desto tiefer verstrickst du dich in deinem Gefängnis. Während die Spinne am Rand zusieht, sich an deinem Leid erfreut und weitere Fäden spinnt. Du bist in der Falle, in der emotionalen Abhängigkeitsfalle.

Was genau ist Co-Abhängigkeit?

Betrachten wir uns mal dieses Wort: Co-Abhängigkeit. Was genau ist Co-Abhängigkeit? Man kann sie auch als "Mitabhängigkeit" bezeichnen. Dieser Begriff wurde ursprünglich aus der Arbeit mit Alkoholikern geprägt. Mitabhängig zu sein bedeutet dort, dass man seine eigenen Wünsche und Bedürfnisse nicht mehr erkennt und zum Wohl des anderen hintanstellt, um für den Süchtigen da zu sein. Das bedeutet aber auch, dass dieses Verhaltensmuster ein Muster ist, das geprägt ist von einer Art des Helfersyndroms. "Ich rette dich." "Ich helfe dir." "Ich decke dich!" "Ich opfere mich für dich auf." Dieses Verhaltensmuster ist bei einem Alkoholiker und einem Narzissten sehr ähnlich. In beiden Fällen gibt es viele Lügen, um das, was ist, zu vertuschen – und damit meine ich nicht nur alle Lügen den Nachbarn, der Familie, dem Chef gegenüber. Nein, auch all die Lügen, die du dir selbst als Co-Abhängigem erzählst. Wie oft tröstet man sich selbst fast schon mantraartig mit Sätzen wie: "Das wird schon wieder, das hat er nicht so gemeint. Er meinte das nicht so, und er ist doch sonst auch immer so lieb und so wundervoll." Oder: "Ich muss mich nur mehr anstrengen, dann wird er/sie wieder wie früher." Oder: "Ich habe ihn so provoziert, er musste ja ausrasten und in seiner Wut hat er mich geschlagen, er wollte das doch nicht." Viele Frauen decken ihre Männer bei häuslicher Gewalt, indem sie die blauen Flecken abdecken und erzählen: "Ich bin so ungeschickt, ich bin gegen eine Tür gelaufen, gestolpert." Damit verschleiert der Abhängige die Katastrophe, seinen eigenen Anteil. Schweigen ist wie Lügen, und Lügen ist wie Schweigen.

Was macht es so schwer zu gehen?

Es ist die Angst zu gehen und die Angst zu bleiben.

Über die Stoffwechselvorgänge und den Stresskreislauf hatte ich bereits geschrieben. Ein Grund dafür ist die Stärkung des Selbstwertes, die durch die anfänglichen Lovebomings, die unglaublich charmante Umgarnung und die wiederkehrende Verführung entstand. Die daraus entstandene Idealisierung und Verklärung der Realität. Das bindet sehr stark, denn dieses Gefühl der Selbstwertstärkung möchte wieder erlebt werden, und nach jeder Entwertung folgt oft wieder (wenn auch nur kurzfristig) eine kleine Dosis "Wiedergutmachung", es gibt "Liebesbekundungen", die dann wieder dazu führen, dass man denkt: "Ach, es ist alles nicht so schlimm." Die Idealisierung und der Hoffnungsmechanismus werden aufrechterhalten. Dieses Spiel der Entwertung und Selbstwerterhöhung, die Hoffnung, es könnte wieder so werden, wie am Anfang, bindet sehr stark.

Wie kannst du dich aus der Co-Abhängigkeit befreien?

- Erkenne die Situation mit all ihrer Problematik. Nur wenn etwas erkannt und bewusst wird, kann es verändert werden.

- Suche dir professionelle Hilfe!
- Gewinne Abstand, trenne dich, wenn es für dich Zeit ist und du wieder in deiner Kraft bist.
- Baue dein Selbstwertgefühl und deine Selbstliebe auf.
- Hol dir dein Leben zurück, übernimm Selbstverantwortung und komme in die Selbstständigkeit. Damit meine ich: Stehe wieder auf eigenen Füßen.
- Verzeihe dir und dem Partner. (Dazu gibt es später noch eine Übung und eine konkrete Anleitung.)

Es ist eminent wichtig, deinen Selbstwert und dein Selbstbewusstsein aufzubauen. Doch dazu müssen wir etwas in die Vergangenheit reisen, Verhaltensmuster aufdecken und alte Wunden heilen.

Den Tanz ein für alle Mal beenden

Hol dir dein Leben zurück

Du wurdest in deiner toxischen Beziehung bis zur Selbstaufgabe manipuliert, dein Ich und dein Selbstwert wurden bis zur Unkenntlichkeit demontiert, du hast dich und dein Leben aufgegeben, nur um zu funktionieren. Deshalb ist es Zeit, dir dein Leben zurückzuholen.

Der erste und wichtigste Tipp ist: Hole dir dein Leben zurück und sorge gut für dich. Baue deine Selbstliebe, deinen Selbstwert, deine Selbstachtung und dein Selbstbewusstsein wieder auf und übernimm die Selbstverantwortung für dich und dein Leben! Du erkennst bereits in den Formulierungen, es geht einzig und allein um dich SELBST!

Es ist Zeit, dich aus deinem Spinnennetz zu befreien, den Tanz auf dem Vulkan zu beenden, das Schloss auszuwechseln und nicht mehr als Opfer zur Verfügung zu stehen. Es geht jetzt in erster Linie darum, dich zu stärken, deine Wunden zu heilen und wieder in deine Kraft zu kommen.

SOS-Sofort-Hilfe-Tipps, um den Tanz zu beenden

Hier meine persönlichen Tipps, wie du einen narzisstischen Missbrauch lindern kannst und endlich aus der toxischen Beziehung fliehen kannst.

Triff eine Entscheidung: Als Allererstes musst du dich fragen, wie lange du noch bereit bist zu leiden? Wie lange möchtest du das Leben des anderen leben? Wie würdest du, wenn du so weiter machst, in einem, zwei oder fünf Jahren aussehen? Wie würde dein Leben in einem, fünf oder zehn Jahren aussehen, wenn du bleibst?

Mache hier einen STOPP und beantworte die Fragen für dich (und wenn du Kinder hast, bitte auch für deine Kinder)!

_____

_____

_____

Schreibe es dir auf, mache es dir deutlich und dann triff bitte eine Entscheidung!

Welche Entscheidung triffst du heute für dich (deine Kinder) und deine Zukunft?

Bitte beachte, keine Entscheidung zu treffen ist auch eine Entscheidung, doch dann musst du auch damit klarkommen, egal, wie es ist.

_____

_____

_____

Was sind deine nächsten Schritte und wen kannst du um Hilfe bitten? (Du findest Adressen und Anlaufstellen im Anhang.) Welche Freunde sind für dich da? Kannst du zu deinen Eltern?

_____

_____

_____

Völliger Kontaktabbruch. Blockiere und lösche die Person auf allen Kanälen, denn der Narzisst oder die toxische Person wird weiter versuchen, dich auf WhatsApp, Facebook und Co zu stalken. Achte bitte auf neue Freundschaftsanfragen. Sie können und wollen nicht loslassen, brauchen weiterhin das Gefühl von Macht und Kontrolle und erstellen sich gerne Fake-Profile, um dich dann stalken zu können oder um zu wissen, was du tust – um es später gegen dich verwenden zu können. Ich hätte so etwas nie geglaubt, doch in den Interviews und in den Coachings wurde mir immer wieder von solchen Fällen berichtet.

Suche dir Brücken. Ich weiß, es ist sehr schwierig, den Kontakt völlig abzubrechen, wenn gemeinsame Kinder da sind. Lass die Umgangsregelung über den Rechtsanwalt oder das Gericht regeln. Versuche, jeden Kontakt zu vermeiden, oder sieh zu, dass immer eine Person bei dir ist, die dir Rückendeckung gibt. Oder du nutzt eine "Brücke". Das kann z. B. sein, dass du deine Kinder bei Oma und Opa abgibst und er/sie die Kids dort abholt oder die Übergabe findet nahtlos nach dem Kindergarten/der Schule statt, weil du sie hinbringst und er/sie die Kids dort abholt.

Wer kann dich unterstützen, die Großeltern, Freunde, der neue Partner, die Nachbarn?

_____

_____

_____

Wie könnte eine gute Regelung aussehen? Welcher Übergabemodus könnte für dich gut sein?

_____

_____

_____

Suche dir Hilfe bei einem Psychologen, Coach oder Berater, der sich mit so etwas auskennt. Auch ich war bei einem Kollegen und habe mir helfen lassen. Du musst es nicht alleine durchstehen, dazu fehlt dir die Kraft. Es ist sehr wichtig, dass du dich frühzeitig darum kümmerst, denn die Plätze sind lange im Voraus vergeben und es gibt lange Wartelisten.

Gehe zu einem Arzt oder Heilpraktiker und lass ein Blutbild machen. Durch den psychologischen Dauerstress sind dein Körper und deine Zellen ausgebrannt. Du musst wieder mit den richtigen Mikronährstoffen die Serotoninausschüttung anregen und generell versorgt werden. Dies hat schnell eine Auswirkung auf deinen Schlaf und deine emotionale Verfassung. Du wirst dich schneller wieder fit fühlen.

Bitte beachte, Stresssituationen und die daraus entstehenden Folgen für den Körper und den Stoffwechsel (Stimmungsschwankungen bis hin zu Depressionen oder Burnout) sind multifaktoriell und müssen als solches erkannt und behandelt werden. Reines Coaching, Hypnose oder Psychotherapie nützen nicht viel. Der Körper und die Zellen sind leergelaufen, nicht nur die Seele. Darauf werde ich später noch genauer eingehen.

Stelle deine Ernährung um, mache eine Stoffwechsel- oder Entgiftungskur. Ernähre dich wieder basischer, denn der Körper ist durch den Dauerstress und die Dauerbelastung übersäuert und die Zellen sowie deine Energiezufuhr sind geschwächt. Dein Organismus wird es dir danken.

Was wirst du als Nächstes für dich tun? Was wirst du dir zubereiten? Was hast du dir schon lange nicht mehr gegönnt, weil es dem anderen nicht schmeckte?

_____

_____

_____

Bewegung heilt. Geh wieder raus, geh viel an die frische Luft, gehe spazieren, walken oder vielleicht joggen. Bewegung heilt, die Natur heilt und du kannst deine Gedanken sortieren. Am Anfang wird es dich vielleicht Überwindung kosten, doch je öfter du spazieren gehst oder Sport machst, desto eher wirst du den positiven Effekt auf deinen emotionalen Zustand bemerken. Wenn du nicht alleine gehen möchtest, verabrede dich, damit wird es übrigens auch verbindlicher für dich selbst, deinen Hintern hochzubekommen. Das ist ein gutes Soforthilfeprogramm gegen depressive Verstimmungen. Was wirst du für dich tun? Mit wem wirst du dich zum Sport oder zum Bewegen verabreden? Setze dir einen Termin!

Betrachte deinen eigenen Anteil. Das ist der schwierigste Teil und wir werden später tiefer in das Thema einsteigen. Doch du kannst dir jetzt bereits folgende Fragen stellen:

Was hast du an ihm/ihr geliebt? War es er/sie oder war es das Gefühl, dass er/sie in dir ausgelöst hat? Sei ehrlich, bist du den Schmeicheleien erlegen?

Was hat dir dein Bauchgefühl gesagt? Bei all meinen Klienten und bei den Interviews zu diesem Thema sagten alle: "Ich hatte gleich ein komisches Gefühl, aber es war zu schön, um wahr zu sein." Das Bauchgefühl ist unser Frühwarnsystem.

Beantworte die Fragen kurz, knackig und spontan:

_____

_____

Höre auf, ständig an sie/ihn zu denken, das kenne ich sehr gut. Wieder der Griff zum Mobiltelefon, um zu sehen, ob er/sie online ist, ob eine Nachricht da ist, was auf Facebook gepostet wurde. Oft sind sie so pervers und schicken dir zwei Tage nach der Trennung bereits das Bild mit der "Next", nur um dir wehzutun. Wobei sie einen Tag zuvor angeblich noch gelitten und dich beschworen haben, dass du die Liebe ihres Lebens gewesen bist. Verändere deinen Fokus, stecke dir neue Ziele, vielleicht eine neue Sportart oder beim Joggen einen 10-Kilometer-Lauf? Oder ein neues berufliches Ziel? Egal was, es geht hier nur darum, deine Aufmerksamkeit, deine Gedanken, deinen Fokus auf etwas Positives zu lenken. Ganz nach dem Motto: WEG VON – HIN ZU!

Was kannst du jetzt für dich tun, um dich abzulenken? Welches Ziel kannst du dir jetzt stecken? Was wolltest du immer schon einmal tun, hast es aber ihm/ihr zuliebe gelassen?

_____

_____

_____

Verlasse das toxische Umfeld. Suche dir etwas Neues, was nichts mit ihm/ihr zu tun hat, er/sie wird dich sowieso schlecht dastehen lassen und sich selbst als Opfer darstellen. Auch wenn es um deinen Arbeitgeber geht, schütze dich und verlasse dein Wirkungsfeld. Das musst du dir nicht mehr antun. Auch Sprüche wie: "Ich wollte ja immer nur das Beste für dich ..." Oder: "Sie werden in der Branche nie wieder Fuß fassen!" Nein, danke. Lass dich von solchen Drohungen und Manipulationen nicht weiter einschüchtern.

Wie könnten deine Zukunft und dein neues Umfeld aussehen?
Wer ist in Zukunft bei dir?
Denke daran, hole dir DEIN Leben zurück!

_____

_____

Umgib dich mit Menschen, die dir guttun. Das meine ich ernst. Lenke deinen Fokus auf die, die dich emotional nähren, die dir Halt geben. Vielleicht ist sogar eine Selbsthilfegruppe für Opfer von Narzissten das Richtige für dich. Aber Achtung, lass dich dort nicht noch mehr herunterziehen, achte darauf, dass es dir in dieser Gesellschaft gut geht. Leider musste ich in solchen

Gruppen erleben, dass sie nicht lösungsorientiert sind, sondern es wird sich im Selbstmitleid und im Opferstatus gesuhlt und die Schuldigen sind immer die Narzissten ... Dort wird zum Teil eine Hetzkampagne gegen Narzissten veranstaltet. Und auch hier gibt es Menschen, die dann sagen: "Ach, bei dir ist es halb so wild, mein Narzisst war viel schlimmer. Ich habe viel Schlimmeres erlebt." Und dann tischen sie dir ungefragt ihre "Horror-Storys" auf, in Dauerschleife. Wie soll es dir besser gehen, wenn du dir nur noch andere "Opfer-Storys" anhörst? Versteh mich bitte nicht falsch, doch überlege dir sehr genau, ob das das Richtige für dich ist, ob du das in deiner Situation wirklich brauchst. Es geht darum, deine Energie wieder hochzuziehen und den Fokus auf die Zukunft zu lenken – es geht nicht darum, im Sumpf der Vergangenheit zu verharren.

Welche Freunde könntest du wieder anrufen oder mit wem könntest du Kontakt aufnehmen? (Oft wurde man von seinen Freunden isoliert, weil die "Alleinherrschaft" und die Kontrolle über die eigene Person vom Narzissten sonst vielleicht nicht genügend ausgeübt werden konnten.) Also, welche Freunde rufst du an?

_____

_____

Welchen Selbsthilfegruppen kannst du beitreten?

_____

_____

Tue dir etwas Gutes, verwöhne dich, sorge gut für dich. Du hast dich lange genug vernachlässigt, deine Bedürfnisse hintangestellt, dich aufgeopfert. Jetzt bist endlich du dran. Lass dich mal richtig verwöhnen und z. B. massieren, mache Shiatsu, gehe in die Sauna usw. Jede emotionale, psychische Verletzung manifestiert sich auch in den Zellen und die psychische Anspannung ist im Körper durch Verspannungen spürbar und löst z. B. Verspannungskopfschmerzen, Rückenschmerzen oder andere körperliche Beschwerden aus.

Informiere dich, lies viel über das Thema Narzissmus, über Co-Abhängigkeit, toxische Beziehungen usw. Erkenne dadurch den Ursprung, mache dich innerlich stark und heile deine Wunden, damit du nie wieder für eine toxische Beziehung zur Verfügung stehst. Kaufe dir Bücher dazu – und wenn du gerade nicht so viel Geld hast, es gibt immer wieder sehr gute Blogartikel oder auch Videos im Internet zu diesem Thema. Informationen müssen nicht immer viel Geld kosten.

Führe ein Tagebuch, schreib auf, wie es dir gerade geht. Klebe ein aktuelles Bild rein, nur zum Vergleich, wie schnell du wieder fit wirst, wie sich dein Hautbild und deine Ausstrahlung verändern. So kannst du deine Fortschritte erkennen. Schreibe auf, was dir heute gut gelungen ist. Wo hast du ein Kompliment bekommen, wie hat sich dein Körper verändert, deine Gesundheit, deine Emotionen usw.? Mehrmals die Woche sollten drei bis fünf auch noch so kleine Dinge festgehalten werden, die dir ein Lächeln ins Gesicht gezaubert oder dir ein gutes Gefühl gegeben haben.

Deshalb meine Empfehlung, führe ein Erfolgstagebuch bzw. ein Stärkenbuch. Mache die Übungen aus dem Buch gerne schriftlich, damit ist es für dich etwas verbindlicher. Das Aufschreiben hilft dir auch, deine Gedanken und Gefühle zu sortieren, zu klären und vielleicht auch schon, emotional loszulassen. Ein klarer Geist arbeitet freier, die Klarheit gibt dir wiederum eine unglaubliche Energie. So kannst du in ein paar Wochen, Monaten oder sogar Jahren darin nachschlagen und deine positive Veränderung sehen.

Das Tagebuch ist eine Möglichkeit, um deine Trennung zu verarbeiten und deine persönlichen Entwicklungsschritte festzuhalten. Du kannst es führen, musst jedoch nicht, es ist ganz deine Entscheidung, wie du mit den Übungen und Empfehlungen in diesem Buch umgehst. Manchmal helfen die Aufzeichnungen auch später beim Coaching oder bei der Therapie. Wichtig ist, dass du dich entscheidest. Das ist schon der erste Schritt, selbstbewusst für dich einzustehen und klar Stellung zu beziehen, was du bereit bist zu investieren und was nicht.

Jedoch die Erfahrung mit meinen Coachingkunden und den Seminarteilnehmer hat gezeigt, dass die Arbeit mit einem Tagebuch sehr effektiv ist und zu einer besseren Selbstreflexion beiträgt. Viele Klienten berichten, dass sie gerne mal wieder darin blättern und lesen, was sie in der Vergangenheit gedacht oder gefühlt haben. Sie sind oft sehr dankbar, nachlesen zu können, was sich alles verändert hat und welche Schritte sie gewagt haben! Du kannst dir folgende Fragen stellen:

- Was ist dir an diesem Tag besonders gut gelungen? Welche Stärken sind dir heute selbst bewusst geworden?
- Wer hat dir spontan zugelächelt oder auf die Schulter geklopft?
- Welche positiven Gedanken hattest du heute über dich selbst, hast du dir etwas Gutes getan, etwas nur für dich?
- Wo ist dir ein Nein deinem Expartner gegenüber gelungen?

- Welche schöne Begegnung hattest du, wen hast getroffen, welche positiven Gespräche hast du geführt?
- Wer hat dich bei deiner Trennung begleitet oder unterstützt?
- Wo konntest du dir Hilfe holen? (Im Anhang findest du noch Notfalladressen und -nummern)

Führe ein Stalking-Buch. Wenn er/sie dich stalkt, bedrängt und belästigt, führe bitte ein sogenanntes Mobbing- und Stalking-Tagebuch. In diesem Buch dokumentierst du mit Datum und Uhrzeit alles. Jede Beleidigung, jede E-Mail, jede WhatsApp, jede Demütigung, Erniedrigung, Belästigung, jeden Sachschaden oder finanziellen Diebstahl, jeder Anruf bei der Polizei usw. Es geht darum, diese Dokumentation für das Gericht zur Verfügung stellen zu können, um eine Kontaktsperre oder ein Näherungsverbot erwirken zu können. Es ist auch ein Beweis für Stalking und auch für die digitale Gewalt im Netz.

Im weiteren Teil des Buches geht es darum, deinen Schattenanteil, deine Prägungen und deine Glaubenssätze auf den Prüfstand zu stellen, dich und deine Persönlichkeit zu stärken, damit du nie wieder in das Netz eines Narzissten gerätst. Nie wieder für einen Tanz auf dem Vulkan zur Verfügung stehst!

Den eigenen Schattenanteil erkennen

Bei Frauen steckt ganz oft ein Helfersyndrom dahinter, um selbst etwas abzubekommen.

- Die Sucht, geliebt zu werden.
- Die Sucht, gebraucht zu werden.
- Die Sucht, zu "heilen" und andere zu "retten".
- Die Sucht nach Anerkennung und Wertschätzung.
- Die Sucht, sich um andere zu kümmern, um sich selbst besser zu fühlen. (Lieber kümmere ich mich um dich als um mich.)

Gründe für toxische Verbindungen oder Beziehungen

Betrachten wir einmal die Gründe, warum Frauen sich aufopfern, immer wieder emotionalen Missbrauch zulassen und toxische Beziehungen eingehen. Oft sind es Frauen (und Männer), die in ihrer Kindheit selbst keine – oder nur im geringen Maße – Liebe, Zärtlichkeiten, Anerkennung, Wertschätzung, Hilfe, Unterstützung, Sicherheit und Fürsorge erfahren haben. Hierzu zählen natürlich auch Menschen, die sehr früh Verantwortung übernehmen mussten, die z. B. ein krankes oder alkoholabhängiges Elternteil ersetzen mussten, um die Geschwister, die Oma oder sogar das eigene Elternteil zu versorgen, weil diese das nicht leisten konnten oder wollten. Daraus entsteht ein ausgeprägtes Verantwortungsgefühl für andere Menschen. Dadurch neigen diese Menschen in ihrem späteren Leben zu einem Helfersyndrom und dazu, ihre eigene Fürsorglichkeit zu ihrem Beruf oder ihrer Berufung zu machen. Sie sind äußerst empathisch und spüren, was das Gegenüber braucht. Sie nehmen jedoch ihre eigenen Bedürfnisse und Grenzen nicht wahr und stellen diese hinter die Bedürfnisse der anderen.

Sie sind oft in heilenden und helfenden Berufen zu finden, z. B. als Krankenpfleger, Sozialhelfer, Therapeut, Seelsorger usw.

Doch warum sind Frauen viel häufiger betroffen als Männer?

Männer finden sich eher seltener in einer toxischen Beziehung und neigen seltener zu Abhängigkeiten. Sie versuchen, sich vor ihren eigenen Gefühlen zu schützen, und suchen sich oft andere Kanäle, wie z. B. Job, Business, Extremsport oder andere Hobbys. Frauen hingegen fokussieren sich und ihre Energien ganz auf eine Beziehung und auf eine Partnerschaft – und sei sie noch so toxisch. Das sind auch oft kulturelle, erziehungsbedingte, biologische Verhaltensmuster und Prägungen.

Hier eine Liste. Bitte achte beim Lesen darauf, mit welcher Aussage du in Resonanz gehst. An welcher Stelle denkst du vielleicht: 'Ja, das kenne ich, das ist bei mir auch so!'? Notiere es dir bitte oder markiere es, denn, wie bereits gesagt, wenn etwas bewusst ist, kann es angesehen und verändert werden.

1. Sie haben selbst wenig Fürsorge und Liebe in ihrer Kindheit erfahren und versuchen nun, all diese ungestillten Bedürfnisse ersatzweise zu befriedigen, indem sie besonders fürsorglich für andere sind – vor allem Männern gegenüber, die in gewisser Weise bedürftig erscheinen, zumindest in ihren Augen.

2. In den meisten Fällen stammen sie aus einem "gestörten" Elternhaus, in dem ihren emotionalen Bedürfnissen nicht entsprochen wurde und in dem sie keine Liebe erfahren haben.

3. Weil sie so große Angst davor haben, allein zu sein oder verlassen zu werden, würden sie alles tun, um zu verhindern, dass ihre Beziehung auseinanderbricht.

4. Weil es ihnen nicht gelang, eine liebevolle, zärtliche Zuwendung von ihrem Vater oder ihrer Mutter zu bekommen, nach der sie sich gesehnt haben, reagieren sie nun unbewusst auf einen vertrauten "Typus" – auf emotional nicht zugängliche Männer oder Frauen, die sie durch ihre Liebe zu ändern oder zu heilen versuchen.

5. Beinahe nichts macht ihnen zu viel Mühe und nimmt zu viel Zeit in Anspruch oder ist zu teuer, kein Weg zu weit, um dem/der Auserwählten zu helfen oder auch nur mit ihm/ihr zusammen zu sein.

6. Sie sind bereit, in jede ihrer Beziehungen weitaus mehr hineinzugeben, als sie je zurückbekommen werden. Dadurch sind sie auch bereit, jegliche Schuld zu übernehmen, obwohl sie gar nicht schuld sind, nur damit die Beziehung bestehen bleibt.

7. Ein Mangel an Liebe in der persönlichen Beziehung ist ihnen so vertraut, dass es ihnen egal ist, wie sehr sie sich aufopfern. Sie leben in der Hoffnung, doch einen Funken Liebe zu bekommen und nicht verlassen zu werden.

8. Nur um dem anderen zu gefallen, lassen sie vieles mit sich machen. Durch ihre Hingabe und Opferbereitschaft sind sie eine leichte Beute für Narzissten und Psychopathen.

9. Der Grad ihrer eigenen Selbstachtung und ihres Selbstbewusstseins ist alarmierend niedrig. Im Innersten glauben sie nicht, dass sie es verdient haben, wirklich geliebt zu werden oder glücklich zu sein. Vielmehr glauben sie, sie müssten sich das Recht, geliebt zu werden, verdienen und dürften das Leben nicht genießen.

10. Sie haben das verzweifelte Bedürfnis, ihre Partner und generell ihre Beziehungen zu kontrollieren, d. h. sie wollen das gemeinsame Leben kontrollieren, weil sie in ihrer Kindheit wenig Sicherheit und Geborgenheit erlebt haben. Ihre Bemühungen, Menschen und Situationen unter Kontrolle zu bringen, verstecken sie oft unter dem Deckmantel der Hilfsbereitschaft, aber es ist oft nichts anderes als eine Zwangsbeglückung und der Schrei nach Sicherheit und Liebe.

11. Sie idealisieren die Beziehung und den "Traumpartner", und in einer Beziehung stehen sie mehr in Verbindung mit dem Traum als mit der Realität. Sie träumen davon, wie es sein könnte, sie erschaffen sich eine Traumwelt, weil die Realität zu schmerzhaft ist.

12. Sie sind abhängig, im wahrsten Sinne des Wortes, von kranken Menschen, von denen sie glauben, dass sie ihre Hilfe brauchen. Die Sucht, gebraucht zu werden und dadurch Anerkennung von außen zu bekommen, ist groß.

13. Sie fühlen sich zu Menschen hinzugezogen, die Probleme haben und ihre Aufmerksamkeit brauchen, so dass sie sich nicht mit ihrem eigenen Leben, mit ihren eigenen Unzulänglichkeiten beschäftigen müssen.

14. Möglicherweise sind diese Menschen anfällig für Drogen- und Alkoholsucht, aber auch andere Kompensationsmittel wie Sexsucht oder Essstörungen können auftreten (z. B. Bulimie oder emotionales Essen).

15. Es sind auch Menschen anfällig für narzisstischen Missbrauch (oder Betrug) und narzisstische Zufuhr, die gerade selbst eine

Trennung, einen Todesfall, einen Verlust jeglicher Art (Job, Gesundheit, Finanzen, Familie) hinter sich haben. Diese Menschen sehnen sich nach einer heilen Welt und einer starken Schulter zum Anlehnen. Sie sind anfällig für Komplimente und gute, nährende Worte, die wie Balsam auf der geschundenen und verwundeten Seele sind. Selbst Frauen, die sich gerade aus einer toxischen Beziehung befreit haben, sind für den nächsten Narzissten leichte Beute und anfällig.

16. Sie neigen zu depressiven Verstimmungen und Stimmungsschwankungen. Sie versuchen, ihre labile Beziehung zu sich selbst dadurch zu stabilisieren, dass sie die Aufgabe übernehmen, den anderen zu heilen, zu retten und für ihn da zu sein. "Er/sie braucht mich doch."

17. Sie sind misstrauisch freundlichen, stabilen und verlässlichen Männern gegenüber. Sie ziehen sich von diesen Männern zurück, denn solche Menschen empfinden sie oft als langweilig und zu fade, sie können hier ja keinen "Rettungsauftrag" übernehmen. Sie sind loyal, treu und opfern sich bis zur Selbstaufgabe auf. "Einen kranken Mann verlässt man nicht." Oder: "Ich habe mich für ihn und die Kinder entschieden, ich kann doch nicht gehen." Aber was, wenn die Kinder genauso leiden?

Auch diese Liste hätte ich bestimmt endlos weiterführen können. Doch du erkennst sicher auch so: Jede Form der emotionalen Abhängigkeit ist eine Urform der eigenen emotionalen Unzulänglichkeit, des Ausgehungertseins nach Liebe, Zuneigung und Anerkennung. Kennst du den Spruch: Geh nicht hungrig einkaufen? Du kommst sonst mit Dingen nach Hause, die du nicht brauchst, die dir nicht guttun, die dir schaden. Du weißt das, doch du nimmst sie doch mit. Genau so ist es, wenn du dich hungrig auf eine Beziehung einlässt: Du nimmst, was du bekommst, egal, ob es dir guttut und ob du es verdauen kannst – oder nicht.

Fazit

Hungrige Menschen sind unkritische Käufer, sie kaufen, weil sie hungrig sind. Das ist wie betrunken zu flirten. Man nimmt Dinge mit, die man gar nicht möchte – und am nächsten Tag wacht man mit einem Kater auf. Oder wie Robert Betz einmal in seinen Vorträgen erzählte: "Da sind zwei Bedürftige, die sich suchen und finden. 'Still du bitte meine Bedürfnisse.' Der eine fasst dem anderen in die Tasche und stellt fest, die ist genauso leer wie die eigene."

Nur wie schaffst du es, aus diesen Mustern auszusteigen? Es ist alles eine Frage deiner Entscheidungen. Ich kann dir hier nur ein paar Möglichkeiten und Fragen aufzeigen, die dich auf deinem Weg unterstützen. Diese dienen deiner Klarheit, deiner Selbstreflexion und dazu, dir über deine eigenen Bedürfnissen wieder klarzuwerden. Es sind Bedürfnisse, die dir abtrainiert und vielleicht sogar aus dir herausgeprügelt wurden.

Beantworte die Fragen hier oder nimm dir dein Tagebuch oder ein Notizbuch zur Hand und schreibe sie dir auf. Bitte sei ehrlich zu dir! Und lass dir Zeit, manche Fragen "piksen", manchmal will man der Wahrheit noch nicht in das Auge sehen. Manchmal lebt man lieber im "Ich-bescheiße-mich-lieber-weiter-Modus". Dann hole dir einen Freund oder eine vertraute Person an deine Seite, die dir die Fragen vorliest und für dich die Notizen macht. Oder sie ist einfach nur da und hört dir zu und du bist nicht alleine. Du kannst diese Fragen auch begleitend und unterstützend zu deiner Therapie beantworten und aufarbeiten. Vielleicht wird dir dadurch etwas bewusst, was du dann in der Therapie ansprechen und lösen kannst. Denk dran, du hast dieses Buch gekauft, um endlich etwas zu verändern, also hol dir dein Leben zurück!

Was wäre, wenn du nur noch ein Jahr zu leben hättest? Würdest du so weiter machen wie jetzt?

_____

_____

Plane deine Beerdigung.
Wenn du jetzt deine Freunde bitten würdest, deine Grabrede zu schreiben, was würden sie über dich und dein Leben schreiben?

_____

_____

Was würdest du dir wünschen, dass sie schreiben?

_____

_____

Wer soll an deinem Grab stehen und wie soll deine Beerdigung aussehen? Ich meine das ernst, das Leben kann so schnell vorbei sein. Wie sollte die Zeitspanne von jetzt bis zu deiner Beerdigung aussehen? Wenn dir das bewusst ist, kommst du vielleicht schneller in die Eigenverantwortung und bist bereit, hinzusehen und Muster zu durchbrechen. Also, wer soll an deinem Grab stehen?

_____

_____

Plane deine Beerdigung, wie soll sie sein? Welche Blumen, welche Musik, welche Kapelle, wo möchtest du beerdigt werden? Friedhof oder unter einem Baum?

_____

_____

Kennst du übrigens den reichsten Ort der Welt? Es ist der Friedhof, dort sind alle ungelebten Leben begraben, dort sind alle ungeliebten Lieben begraben, dort sind alle ungelebten Berufe begraben, dort sind alle ungelebten Träume begraben, dort sind alle ungeschriebenen Bücher begraben, dort sind alle nicht umgesetzten Projekte begraben.

Die Frage ist, was willst du an Talenten, Liebe und ungelebten Träumen mit ins Grab nehmen? Dein Leben ist jetzt, spürst du es auch?

Welche Werte sind dir wichtig?

Lass uns deine Werte anschauen. Welche Werte sind dir wichtig – und vor allem: Welche lebst du jetzt schon? Wenn dir zum Beispiel Treue wichtig ist und dein Partner betrügt dich oder wenn dir Wertschätzung und Anerkennung wichtig sind und du aber von deinem Partner ständig Demütigungen und Erniedrigungen erfährst, dann lebst du an deinen Werten vorbei und wirst zusätzlich geschwächt und unzufrieden. Einer der Wege, wie wir uns langfristig glücklich und erfüllt fühlen können, ist, in Übereinstimmung mit unseren wahren Werten zu leben. Deshalb werde dir bitte deiner Werte bewusst.

Es gibt sogenannte Hinzu-Werte und Weg-von-Werte. Hinzu bedeutet, das sind Werte, die du anstrebst, von denen du mehr in deinem Leben möchtest. Weg-von sind Werte, die du nicht mehr in deinem Leben möchtest.

Welche Werte sind die wichtigsten in deinem Leben (Hinzu-Werte)? (Glück, Liebe, Erfolg, Gesundheit, Intelligenz, Macht, Wachstum, Sicherheit, Abenteuer, Treue, Ehrlichkeit, Teilen, Empathie, Wertschätzung, Humor, Herzlichkeit, Erfüllung)

_____

_____

_____

Was willst du in deinem Leben auf gar keinen Fall mehr (Weg-von-Werte)? (Scheitern, Langeweile, Überforderung, Überwältigung, Wut, Sorge, Frustration, Ärger, Traurigkeit, Eifersucht, Selbstmitleid, Ablehnung, Freiheitsentzug)

_____

_____

_____

Worauf kommt es dir in deinem Leben wirklich an, willst du so weitermachen? Wie lange willst du noch leiden? (Ich frage dich das bewusst immer wieder!)

_____

_____

_____

Welche Ängste, Glaubenssätze und Zweifel hast du?
Welche Geschichten erzählst du dir selbst seit Jahren, um zu funktionieren und zu überleben? Denke daran, Worte, die du denkst und aussprichst, werden zu DEINER Wahrheit und entsprechen nicht unbedingt DER Wahrheit!

- ☐ Ich bin nicht gut genug.
- ☐ Ich bin nicht liebenswert, meine Eltern haben mich schon nicht geliebt.
- ☐ Wenn ich gehe, finde ich nie wieder einen Partner.
- ☐ Ich schaffe es nie, alleine zu wohnen.
- ☐ Ich kann nie wieder vertrauen.
- ☐ Ich bin nicht gut genug, ich brauche noch diese oder jene Ausbildung, dieses Seminar usw.
- ☐ Ich bin nicht gut genug, ich muss mich noch mehr anstrengen, um dem Partner zu gefallen.
- ☐ Ich bin es nicht wert, geliebt zu werden.
- ☐ Ich werde nie wieder glücklich sein!
- ☐ Ich werde mich nie wieder verlieben!

- ☐ Es liegt nur an mir, dass es nicht funktioniert hat!
- ☐ Nur ich leide, meinem Expartner geht es super!
- ☐ Ich habe in der Beziehung wieder versagt, ich bin ein Versager.
- ☐ Ich bekomme nie wieder einen Partner/eine Partnerin.
- ☐ Mich will sowieso niemand, und er bestätigt das auch.
- ☐ Ich bin zu hässlich, zu dick, zu dünn, zu dumm, zu unintelligent ...

Welche Geschichten und Glaubenssätze erzählst du dir? Hinterfrage sofort: Ist das wahr, ist das wirklich so? Frage zu jeder Antwort, die du gibst, gerne eine dir nahestehende Person, ob das wirklich so ist!

_____

_____

_____

Glaubenssätze werden auch Überzeugungen, Einstellungen, Beliefs oder Meinungen genannt, sogenannte Wahrnehmungsfilter. Sie werden überwiegend aus Generalisierungen unseres Erlebten abgeleitet und vor allem aus dem, was uns erzählt und vorgelebt wird. Diese inneren Einstellungen und Erlebnisse beeinflussen, was und wie wir denken, sprechen und handeln. Es sind Richtlinien, die wir für wahr halten. Glaubenssätze helfen uns dabei, Informationen rasch und sicher einzuordnen und schnell darauf zu reagieren. Es gibt unterstützende, positive (die uns weiterbringen) und limitierende, negative (die uns "hindern und runterziehen") Glaubenssätze.

(Mehr zu Glaubenssätzen und wie du sie lösen kannst, findest du in meinem Buch: "Belogen, betrogen, verarscht und verlassen – das Mutmachbuch für deinen Neubeginn". Es ist übrigens eine wundervolle Ergänzung zu diesem Buch und Thema.)

Stell dir folgende Fragen zu deinen Ängsten:

Wer wärst du, wenn du deine Begrenzungen, deine negativen Glaubenssätze und Ängste stoppen und nicht weiterleben würdest? Wenn du sie weder dir noch anderen erzählen würdest?

_____

_____

_____

Wer wärst du, wenn du an dieser Stelle neue Glaubenssätze, Wörter und Träume pflanzen würdest und die alten Gedanken gleichzeitig immer schwächer werden würden?

Wie wäre es, wenn du dein Tagebuch, dein Drehbuch des Lebens neu schreiben würdest?

Wie sieht dein persönliches Leitbild, dein Lebensskript aus? Hast du überhaupt eines oder lässt du dich leiten? Du hast noch nie etwas darüber gehört und weißt nicht, was das ist? Dein Leitbild ist eine schriftliche Beschreibung des Lebens, das du wirklich leben willst. Früher waren es deine Eltern, deine Erzieher und heute hast du die Verantwortung an deinen Partner oder deine Partnerin abgegeben?

Wie würde dein Leben aussehen, wenn du die Verantwortung dafür übernehmen und dein Leben selbstbestimmt leben würdest?

Leg los, schreib los! Wenn du es dir vorstellen kannst, dann kann es auch zur Wirklichkeit werden, sonst könntest du es dir ja nicht vorstellen.

Wie sieht dein Lebensskript aus und wer willst du in Zukunft sein? Nimm dir für diese Aufgabe bitte ganz viel Zeit.

_____

_____

_____

_____

Wenn es dir noch Angst macht … dann halte das Ziel oder die Vision vor deinen Augen … Sieh dich, wie du wieder in deiner Kraft bist, wie du deinen Partner verlassen hast, deine eigene Wohnung eingerichtet hast und wie du dich dabei fühlst … leichter, feiner, glücklicher … Es wird dich und deine Kraft stärken, wenn du am Anfang schon das Ergebnis und das Ende im Blick hast, dann macht es weniger Angst. Und betrachte deine Rolle als Frau/Mann im Beruf. Was gibt dir da Kraft, nach welchen Werten handelst du dort? Woraus kannst du Energie und Selbstwert schöpfen?

_____

_____

_____

Als Mutter/Vater, welche Verantwortung gibst du ab? (Unbewusst an den Partner, an Großeltern oder Erzieher?) Bist du für deine Kinder ein gutes Vorbild? Sieht das Kind, wie du leidest? Das Kind spürt, wenn es dir schlecht geht und wenn etwas nicht stimmt. Es leidet mit.

―――――――――――――――――――――

―――――――――――――――――――――

―――――――――――――――――――――

Diese Übungen und Fragen dienen dazu, deinen Selbstwert wiederaufzubauen und zu erkennen, wo du gerade stehst.

Exkurs: **Die Weisheit eines Indianers: Die zwei Wölfe**

Ein alter Indianer sitzt mit seinem Sohn am Lagerfeuer und spricht: "Mein Sohn, in jedem von uns tobt ein Kampf zwischen zwei Wölfen. Der eine Wolf ist böse. Er kämpft mit Neid, Eifersucht, Gier, Arroganz, Selbstmitleid, Lügen, Überheblichkeit, Egoismus und Missgunst.
Der andere Wolf ist gut. Er kämpft mit Liebe, Freude, Frieden, Hoffnung, Gelassenheit, Güte, Mitgefühl, Großzügigkeit, Dankbarkeit, Vertrauen und Wahrheit."

Der Sohn fragt: "Und welcher der beiden Wölfe gewinnt?"

Der alte Indianer schweigt eine Weile, dann sagt er: "Der, den du fütterst."

Verstehst du, was ich dir damit sagen möchte?

Wir tragen beides in uns: die Liebe und die Angst.

Die **Liebe** ist Öffnung, Ausdehnung, Weite, Vergebung, Nähe, Verletzlichkeit, Verbindung, Akzeptanz, Schutz, positive und hohe Energien und Schwingungsfrequenzen.

Die **Angst** ist Zumachen, Missbrauch, Zusammenziehen, Machtmissbrauch, Isolation, Widerstand, Neid, Missgunst, negative und niedrige Energiefrequenzen und Schwingungen.

Es liegt einzig und allein an dir, was du aus deiner Zukunft, deinen Gedanken, Gefühlen und aus den Inhalten dieses Buches machst. Welchen Wolf fütterst du?

Das innere Kind heilen

In meinen Coachings, Familienaufstellungen und Hypnosesitzungen kommen wir beim Lösen der Blockaden und Ursachen immer wieder zur Arbeit am inneren Kind. Vielleicht hast du bereits schon einmal etwas darüber gehört? Das innere Kind ist ein therapeutisches Konzept, das von John Bradshaw in den 1970er und 80er Jahren entwickelt wurde. Das innere Kind steht für die verschiedenen Anteile unserer Persönlichkeit, die in unserer Kindheit geprägt wurden, und symbolisiert dabei alle – teilweise unbewussten – Gefühle, Erlebnisse und Erinnerungen aus der eigenen Kindheit.

Jeder hat dieses innere Kind in sich, das repräsentativ für unsere Kindheit steht. Wir alle haben bewusste und unbewusste Persönlichkeitsanteile und Merkmale. In der Schematherapie unterteilt man diese Anteile in drei Hauptkategorien: das Kindheits-, Erwachsenen- und Eltern-Ich. Natürlich gibt es weitere Unterkategorien wie zum Beispiel das "zornige innere Kind", das "verletzte innere Kind" usw. Doch so tief möchte ich gar nicht einsteigen, wir reden über den Anteil in uns, der in unserer Kindheit geprägt wurde und uns heute noch als innerer Antreiber oder Verhinderer im Weg steht und uns emotional schon mal aushebelt.

Wir alle hatten eine Kindheit und insbesondere in den Prägungsjahren zwischen 0 und 7 kann es zu verschiedenen emotionalen Verletzungen gekommen sein, die uns heute noch beeinträchtigen. Bei einigen Menschen handelt es sich tatsächlich um schwerwiegende emotionale Verletzungen, wie psychische, sexuelle oder körperliche Misshandlung. Andere haben vielleicht nur kleine subtile Verletzungen erlitten, die ihnen nicht einmal bewusst sind – trotzdem sind sie in den Zellen und im Unterbewusstsein abgespeichert. Im Normalfall ist es so, dass wir uns nicht mehr an unsere Verletzungen erinnern, diese aber trotzdem unbewusst unser Leben bestimmen. Unser Verhalten wird durch unser Unterbewusstsein gesteuert.

Das Ziel der Arbeit mit dem inneren Kind besteht darin, sich dem inneren Kind liebevoll und akzeptierend zuzuwenden und so wieder Zugang zu kindlichen Gefühlen wie Freude, Neugier, Lebenslust, Sicherheit, Geborgenheit und Liebe zu erhalten. Es geht aber auch darum, das innere Kind "nachzubeeltern", es mit Liebe zu versorgen und ihm das zu geben, was ihm in der Kindheit gefehlt hat. Warum ist das so wichtig? Weil das unterdrückte, verwundete, nicht geliebte und abgelehnte innere Kind sich im Erwachsenenalter irrational und überschießend verhält. Bei kleinsten Kränkungen kann es das irrationale Gefühl des Verlassenwerdens, des Abgelehntseins, des nicht Geliebtseins haben und wird entweder selbst um sich schlagen und verletzen oder kindliche Muster an den Tag legen und alles tun, um doch geliebt zu werden. Es können sich daraus auch paranoide Persönlichkeitsstörungen, Anfälligkeiten für Alkohol-, Spiel- oder sonstige Süchte entwickeln, wie z.B. die Sucht nach Anerkennung und Aufmerksamkeit, wie bei einem Narzissten. Auch selbstverletzendes Verhalten wie Ritzen, ein mangelndes Selbstwertgefühl und tiefgreifende Unsicherheit sind möglich.

Die Arbeit mit dem inneren Kind bedeutet herauszufinden, was es braucht, um ihm heute das zu geben, was es so lange schmerzlich vermisst hat.

Ich möchte dir anhand des "Eisbergmodells", eines der wichtigsten Kommunikationsmodelle, das auf Sigmund Freud zurückgeht, noch etwas aufzeigen. Der Anteil des Eisberges, der über der Wasseroberfläche zu sehen ist, wird dem Bewusstsein (sichtbar) zugeschrieben, und alles, was unter der Wasseroberfläche ist, dem Unbewussten (unsichtbar und dennoch vorhanden).

1-5 Prozent Bewusstsein: Der Bewusstseinsebene wird der Verstand, ZDF (Zahlen, Daten, Fakten), die Logik, das rationale Denken und der bewusste Wille zugeschrieben.

95-99 Prozent Unterbewusstsein: Dem Unterbewusstsein (oder nach Freud dem Unbewussten) werden die Emotionen, Gefühle, Ängste, Glaubenssätze, Konditionierungen und Prägungen aus der Kindheit, unsere Werte, Liebe, Instinkte und Triebe zugeordnet.

Ich möchte das Modell einmal auf unser Thema anwenden. Du willst dich aus dem bewussten Verstand heraus von deinem Partner trennen (Bewusstsein), du fühlst den Wind oberhalb der Wasseroberfläche und aus deinem Erwachsenen-Ich heraus. Doch dann kommen dir Zweifel, deine Glaubenssätze poppen hoch ("Das kannst du doch nicht machen!"), deine Prägungen aus der Kindheit, die Stimmen deiner Eltern im Kopf ("Man lässt sich nicht scheiden." "Eine Ehe ist nun mal kein Zuckerschlecken." "Eine Frau hat sich dem Mann zu fügen." "Stell dich nicht so an, du kannst froh sein, so einen Mann zu haben."). Deine Angst, verlassen zu werden oder alleine zu sein, macht sich breit … und dann kommt dein Narzisst wieder und umgarnt dich (dein inneres Kind möchte in den Arm genommen werden und geliebt werden). Du spürst die Strömung unterhalb der Wasseroberfläche nicht, doch sie trägt dich fort in die Arme deines Expartners und du fragst dich wieder einmal, wieso du wieder schwach geworden bist.

In vielen Situationen sind wir uns nicht bewusst, dass wir in diesem Moment fremdgesteuert werden und nicht aus dem Erwachsenen-ICH heraus agieren. Doch mit einer simplen Achtsamkeitsübung ist es möglich, zwischen Kind und Erwachsenem zu unterscheiden. Wenn du dich in einer traurigen, aggressiven, wütenden, einsamen oder anderen verdächtigen Stimmung befindest, spüre einfach mal in dich und dein Körpergefühl hinein. Wie fühlt sich die Emotion an? Wie alt bist du gerade?

Spüre bewusst in dich hinein, was fühlst du gerade, wo in deinem Körper nimmst du dein inneres Kind wahr? Wie fühlt es sich? Vielleicht ängstlich, wütend, klein, hilflos ... Was will es dir sagen? Kannst du gerade erkennen, dass du dich genau so verhältst, wie du dich als 5- oder 7-jähriges Kind verhalten hast? Dann ist in solchen Situationen, in denen dir dies bewusst wird, wohl dein inneres Kind aktiv.

Bei mir war es z. B. öfter beim Streiten mit dem Narzissten so. Ich fühlte mich hilflos, wütend und ausgeliefert. Wie oft bin ich wie eine Zicke ausgerastet und habe versucht, mich zu verteidigen, für Gerechtigkeit zu sorgen, seine Lügen und Unterstellungen aufzudecken usw. Ich wusste, dass meine Reaktion in diesem Moment falsch war und ich einfach aufhören musste, mich sinnlos zu verteidigen, **aber es ging nicht.** Ich war wie fremdgesteuert. Erst später wurde mir bewusst, ich war nicht in der Gegenwart, sondern mein inneres, trotziges Kind hatte sich gezeigt. Der Streit hatte mich unbewusst an die Vergangenheit erinnert.

Ich weiß nicht, wie es dir erging oder ergeht, aber bei mir war es so, dass ich mich beim Streiten mit dem Narzissten spätestens nach 10 Minuten gefragt habe, wie dieser Streit überhaupt zustande gekommen ist. Während ich mich noch wunderte, wie es zu dieser Diskussion hatte kommen können, waren zwischenzeitlich mein ganzes bisheriges Leben, meine Freunde, mein Job, meine Familie, mein Aussehen, meine Einstellung oder was auch immer unter Beschuss geraten. Er demütigte, entwürdigte und diskutierte, um mich schlecht dastehen zu lassen und um selbst gut dazustehen. Mein inneres Kind tobte, solche Situationen kannte ich aus meiner Kindheit. Aber ich durfte das ansehen und heilen und bot so automatisch keine weitere Bühne mehr, weil ich als Protagonist nicht mehr zur Verfügung stand.

Dann erkannte ich: Toxische Narzissten streiten nicht wirklich mit dir. Im Grunde argumentieren sie mit sich selbst und du darfst Protagonist in ihrem Spiel sein. Sie ziehen dich lediglich in ihre ermüdenden, zermürbenden und langen Monologe hinein. Doch du steigst wieder einmal darauf ein und bietest ihnen die Spielfläche. Sie lieben ihre Bühne, um ihr persönliches Drama zu inszenieren. Wehe, du versuchst, das Thema/die Lügen ins rechte Licht zu rücken, oder versuchst, sachlich zu argumentieren, um die lächerlichen Behauptungen zu entkräften – dann versorgst du ihn nur mit neuer Munition, die ungefiltert auf dich zurückgefeuert wird.

Um aus diesen Spielchen auszusteigen, ist eine Übung gut geeignet, in der du dich und dein inneres Kind ansehen, wahrnehmen und heilen kannst.

Übung: inneres Kind – Anwendung & Anleitung

Bevor ich zur eigentlichen Übung komme, möchte ich noch kurz folgende Hinweise geben.

Sobald du dich bei dieser Übung unwohl fühlst und du diese Situation verlassen willst, dann brich die Übung ab. Wenn das Gefühl und der Schmerz oder die Erinnerung zu schmerzhaft ist, dann suche dir professionelle Unterstützung in Form einer Psychotherapie, Hypnosetherapie, in Form von Wingwave oder nimm die Hilfe eines Heilpraktikers in Anspruch.

Werde dir bewusst. Deine Vergangenheit ist eine Erfahrung, die in deinem Inneren abgespeichert ist und die dir heute nicht mehr schaden kann. Du hast die Möglichkeit, deinen gesicherten Ort, den ich gleich noch beschreiben werde, zu besuchen oder die Augen zu öffnen.

Du kannst dir die Übungen von einem Freund vorlesen lassen und dich begleiten lassen, wenn es dir damit besser geht, oder du nimmst die Übungen auf deinem Smartphone auf und spielst diese Aufnahme ab; dann musst du nicht ständig im Buch nachlesen.

Einen sicheren Ort finden

In meinen Sitzungen "installieren" oder verankern wir (Klient und ich) meistens einen sicheren Ort, um die Sitzung störungsfrei durchführen zu können. Dieser sichere Ort kann aber auch im Alltag dazu benutzt werden, um abzuschalten, zur Ruhe zu kommen und neue Energie zu tanken. Das ist ein imaginärer Ort, an dem du dich zu 100 Prozent sicher und wohl fühlst – und es sollten keine anderen Personen dort sein.

Diese Übung kannst du unabhängig von der Inneren-Kind-Übung machen und so lange wiederholen, bis du dich wirklich sicher fühlst.

Body-Scan

Diese Skala werden wir noch häufiger in den einzelnen Lektionen brauchen: Mache einen **Body-Scan** und überprüfe dein Empfinden und deine Wahrnehmung:

⊙ Suche dir einen bequemen Platz/Stuhl und sorge für eine ruhige und ungestörte Atmosphäre.

⊙ Schließe dazu deine Augen.

⊙ Atme tief und ruhig ein und aus, nimm deinen Atem bewusst wahr.

- Spüre in deinen ganzen Körper hinein und stelle dir vor, du hättest einen inneren Scanner, der dich vom Kopf über den Hals, die Brust, den Bauch, die Beine bis zu deinen Füßen durchscannt.

- Wo genau fühlst du etwas? Wie genau fühlt es sich an?

- Wo ihn deinem Körper spürst du eine wohlige Energie, wo ein Unbehagen?

- Nimm einfach wahr.

- Auf einer Scala von 0 bis 5 - wie fühlst du dich? (5 ist "super entspannt, glücklich, erfreut, gesund, fit" und 0 ist "körperlich angeschlagen, müde, schlapp, emotional am Boden")

- Nimm einfach wahr und merke dir diese Zahl.

Der sichere Ort
- Falls du es nicht bereits getan hast, suche dir einen bequemen Platz/Stuhl und sorge für eine ruhige und ungestörte Atmosphäre.

- Schließe deine Augen und beobachte für eine kurze Zeit deinen Atemrhythmus. Spüre, wie die Luft durch deine Nase fließt, sich im ganzen Körper verteilt und diesen wieder verlässt.

- Nimm wahr, wie sich dein Bauch beim Einatmen vergrößert und beim Ausatmen verkleinert.

- Mit jedem Atemzug fühlst du dich ruhiger und ruhiger, wohlige Wärme durchströmt dich, du fühlst dich schwerer und entspannter.

- Nimm deine Füße wahr und spüre, wie sie den Boden berühren. Vielleicht spürst du die Verbindung mit Mutter Erde und wie sie dir über deine Fußsohlen Wärme und Energie spendet.

- Nun lenke deine Aufmerksamkeit auf deine Auflagefläche. Wie fühlt sich der Stuhl oder die Unterlage an? Lass alle Anspannung los und sinke in die Unterlage. Du wirst immer entspannter und entspannter, immer ruhiger und fühlst die Geborgenheit und Wärme in deinem ganzen Körper.

- Sobald du in tiefer Entspannung bist, stelle dir vor deinem geistigen Auge deinen Ort vor, an dem du sicher vor allen Gefahren bist, an dem du dich wohl fühlst und in Sicherheit bist. Nun spüre die tiefen, glücklichen und liebevollen Gefühle, die dich mit diesem Ort verbinden.

- Du kannst im Hochgefühl deiner Freude, deiner gefühlten Sicherheit diesem Ort einen Namen geben. Vielleicht ist es auch kein Ort, sondern ein Umhang, den du dir überziehen magst. Darunter bist du ganz geborgen und sicher. Was es auch immer ist ... Verankere dieses Gefühl gerne noch mit einer Geste, z. B. die Hand auf deine Brust legen und damit dein Herz berühren und schützen.

- Nimm wieder deine Umgebung war, deinen Körper, deine Atmung und bewege deine Hände und Füße.

- Atme tief ein, tief aus, zähle bis 3 und öffne deine Augen.

- ⊙ Erinnere dich an die Zahl, die du am Anfang der Übung ermittelt hast, und überprüfe anhand eines erneuten Body-Scans: Was hat sich bereits verändert? Wie fühlt sich dein Körper an und wie hat sich die Zahl verändert?

Mit dieser Zahl kannst du jetzt wieder weiter in die Entspannung gehen und die Innere-Kind-Übung machen. Je öfter du diese Übungen machst, umso einfacher und schneller kommst du an deine Gefühle und umso besser nimmst du deine eigenen Bedürfnisse wahr.

Du kannst nun entscheiden, ob du erst einmal an deinem sichereren Ort bleiben möchtest und das innere Kind noch nicht besuchst oder ob du weitermachst.

Die Innere-Kind-Übung

- ⊙ Falls du es nicht bereits getan hast, suche dir einen bequemen Platz/Stuhl und sorge für eine ruhige und ungestörte Atmosphäre, in der du dich sicher fühlst.

- ⊙ Schließe deine Augen und beobachte für eine kurze Zeit deinen Atemrhythmus. Spüre, wie du die Luft durch deine Nase tief einatmest, wie sie durch deinen ganzen Körper strömt und wie du wieder ausatmest.

- ⊙ Nimm drei tiefe Atemzüge. Bei jedem Einatmen atmest du Entspannung und Sicherheit ein, bei jedem Ausatmen lässt du Anspannung und Ärger los. Eins – einatmen und ausatmen, zwei – einatmen und ausatmen, drei – einatmen und ausatmen, genau, gut so. Mit jedem Ausatmen bist du sicherer und sicherer.

- Je tiefer du in die entspannte Atmung gehst, umso wohler fühlst du dich – und je wohler du dich fühlst, umso sicherer und beschützter bist du.

- Jetzt erinnere dich an eine Situation deiner Wahl, die dich in letzter Zeit sehr beschäftigt und verletzt hat. Oder erinnere dich an das letzte negative, traurige, wütende oder ärgerliche Erlebnis der letzten Tage. (Dir kann nichts passieren, du hast deinen sicheren Ort, an dem du jederzeit Zuflucht suchen kannst. Oder du kannst einfach die Augen öffnen und tief durchatmen.)

- Versuche, dir die Situation noch einmal vor deinem geistigen Auge aufzurufen. Tauche dabei in deine innere Gefühlswelt ein und lass alle Emotionen zu. Wie hast du dich in der Situation gefühlt?

- Nun frage dein Unterbewusstsein, in welcher Situation du dich in deiner Vergangenheit/Kindheit ähnlich gefühlt hast. Wer war bei dir? Welche Worte hast du gehört?

- Nimm das erste Bild, das dir in den Sinn kommt, und versuche, in diese Situation einzutauchen. Was siehst du? Ist es hell oder dunkel, bist du drinnen oder draußen, bist du alleine oder ist jemand bei dir?

- Wie alt fühlst du dich? 5, 6 oder vielleicht 7 Jahre alt? Oder warst du bereits ein Teeny?

- Jetzt stelle dir die Situation auf einer Leinwand im Kino oder auf einer Bühne vor, und beobachte das Ganze als Zuschauer. Versuche, alles wahrzunehmen! Was passiert in der Situation?

- Nach einer Weile kannst du die Situation anhalten und zu dem Kind gehen. Frage dein inneres Kind, wie es sich fühlt. Was benötigt das Kind in dieser Situation? Was kannst du ihm geben, was es damals so dringend gebraucht hätte? Und da vor dir in der Ecke sitzt ein kleines Mädchen oder ein kleiner Junge. Dein verletztes inneres Kind. Sei behutsam, es hat dich lange nicht gesehen, auch wenn es dich kennt. Sei erst einmal da. Du kannst dich auch neben dein "kindliches Ich" setzen und erst einmal abwarten. Öffne dein Herz und schenke Vertrauen.

- Vielleicht ist dein inneres Kind bereit, mit dir zu sprechen. Was sagt es dir? Ist es traurig, verletzt oder eingeschüchtert? Du bist jetzt die erwachsene Person und kannst das, was es eingeschüchtert hat, heilen. **Das, was man diesem Kind sagte oder angetan hat, entsprach nicht der Wahrheit.** Es war die eigene Überforderung und Schwäche, die kein anderes Verhalten ermöglichte.

- Zeige deinem inneren Kind, dass es nichts mehr zu befürchten hat, dass DU jetzt auf es aufpassen kannst und ihm Liebe gibst. Wenn dein kindliches Gegenüber bereit dazu ist, könntest du es behutsam in den Arm nehmen und ihm zeigen, wie sehr du es liebst. Nutze die Gelegenheit, dem Kind genügend Sicherheit, Geborgenheit und Liebe zu geben.

- Verabschiede dich nun von dem Kind und sage ihm, dass du ab jetzt immer für es da bist, dass du es beschützt.

- Atme wieder drei Mal tief ein und aus und öffne langsam deine Augen. Komme wieder völlig im Hier und Jetzt an.

- Stelle dir die Frage, wie alt du gerade bist, und vergewissere dich, dass du mit deinem Bewusstsein im Hier und Jetzt bist. Falls du dich noch klein fühlst, werde dir bewusst, dass du mit dieser Übung nur auf deine Erinnerungen zugegriffen hast und du bereits die erwachsene Person bist, die du vorher schon warst.

- Wie fühlst du dich? Was hat sich verändert, wenn du jetzt den Body-Scan machst? Wo befindest du dich gerade auf der Skala von 1 bis 5?

Mache dir gerne Notizen in dein Tagebuch, welche Situationen du gesehen hast, wie du dich gefühlt hast, wie alt du warst. Welche Situationen waren in der Beziehung ähnlich? Und wie sah dein sicherer Ort aus? Mit den kommenden Übungen kannst du entweder die gleiche Situation besuchen oder auf andere Erinnerungen zugreifen und das Ganze ähnlich handhaben.

Je öfter du diese Übungen wiederholst und dich mit dem inneren Kind auseinandersetzt, umso besser wird auch der Kontakt zum Kind.

_____

_____

_____

Narzisstische Manipulationen erkennen

Wer die Sprache, den Wortschatz und die Grammatik narzisstischer Verführung und Manipulation erkennt, enttarnt und entlarvt, der steht nicht mehr für Machtspiele zur Verfügung und lässt sich nicht mehr so schnell in das Netz locken. Er hat die Stärke, auf dem Absatz kehrtzumachen – und der Tanz beginnt ohne dich!

Wenn du dich wieder auf eine neue Beziehung einlassen möchtest, lass dir Zeit.

Zeit, um deine Wunden zu heilen.

Zeit, um deinen Selbstwert wieder aufzubauen.

Zeit, dein Gegenüber richtig kennenzulernen.

Zeit, deine eigenen Bedürfnisse wahrzunehmen.

Zeit, um in dich hineinzufühlen: Ist das dein Tempo? Fühlt sich das gut an? Bist du wieder dabei, dich hintanzustellen??

Zeit, um dich zu fragen, ist das wirklich so? Oder bist du dabei, die Person zu idealisieren, weil du dir so dringend eine Beziehung wünschst?

Achte bitte besonders in der Kennenlernphase auf dich und deine Bedürfnisse, heile deine Wunden. Sonst kann es dir passieren, dass du wieder und wieder an Menschen mit derselben Persönlichkeitsstruktur gerätst und das Spiel sich wiederholt.

Wie bereits erwähnt, hatte ich selbst verschiedene kritische Situationen in meinem Leben und auch eine zweite Beziehung mit einem verdeckten Narzissten. Aber beim zweiten Mal erkannte ich die Zeichen und die Manipulationen. Mit dem Wissen aus der vorigen Beziehung und der Stärke, die ich mir aufgebaut hatte, konnte ich alles erkennen und mich schneller lösen. Auch bei toxischen Freundschaften stehe ich nicht mehr für das Drama oder als "Bühne" zur Verfügung. Meistens ist es dann so, dass sie noch einmal mit einem riesigen Theater und Akt die Bühne verlassen, weil sie von mir keine narzisstische Zufuhr bekommen oder ich nicht für ihre Machspielchen zur Verfügung stehe. Auch ich durfte weiter lernen und meine Wunden aus der vergangenen Beziehung, aus meiner Kindheit und vor allem mein inneres Kind heilen.

Achte bitte auch auf das Zuviel! Wenn alles zu schön ist, um wahr zu sein, dann ist es auch oft so.

Narzissten legen ein riesiges Tempo vor, sie überspringen gerne mal ganz normale Phasen des Kennenlernens. Sie gehen gleich in die Vollen, z. B. Sex beim ersten Date ("Du bist so heiß, du willst es doch auch!"). Oder sie wollen schon nach zwei Wochen mit dir zusammenziehen ("Du bist mein Seelenverwandter, auf dich habe ich mein ganzes Leben gewartet."). Manche ziehen schon nach der ersten Nacht bei dir ein ("Es geht einfach nicht mehr ohne dich.") Andere machen einen Heiratsantrag nach nicht einmal vier Wochen ("Ich wusste schon bei unserer ersten Begegnung, dass wir füreinander bestimmt sind.") Wieder andere wollen, dass du deinen Job aufgibst ("Ich sorge für dich."). Sie wollen dich damit aber nur finanziell abhängig machen und dich an sich binden, damit du rund um die Uhr für sie zur Verfügung stehst und sie die Kontrolle über dich haben.

Hör in Zukunft genau hin und lies zwischen den Zeilen. Und hör auf, es allen recht machen zu wollen! Frage dich immer wieder: "Tue ich es dem anderen zuliebe oder tue ich es für mich?" Triffst du dich mit jemandem, weil er es will oder weil du es so willst? Wie fühlt es sich an?

Was ich damit meine, erzähle ich dir kurz: Oft suchen sich Narzissten ihre neuen Partner online, weil es einfach und bequem ist. Man kann schnell mehrere Kontakte knüpfen und parallel mit mehreren anbandeln. Was sagte mal ein Typ zu mir: "Gisa, die Quote macht es." Da drehte sich mir der Magen um. Nun zur eigentlichen Geschichte. Ich hatte auf Facebook einen Post einer Freundin kommentiert, in dem sie fragte: Was vermisst du als Single-Lady am meisten? Meine Antwort lautete: das Kuscheln. Woraufhin ein durchaus sympathischer Herr antwortete: "Gisa, nicht nur Single-Ladys, sondern auch Single-Männer!" Und zack hatte ich eine Freundschaftsanfrage. Was nicht ungewöhnlich ist, wenn man sich sympathisch findet. Kaum hatte ich diese angenommen, hatte ich bereits eine Sprachnachricht per Messenger. Ich hörte sie mir an und dachte: Wow, eine sehr feine, charismatische Stimme, wortgewandt und sehr schmeichelhaft und charmant. Ja, er schmeichelte mir, er wäre auf meinem Profil gewesen, das er toll und beeindruckend fand. Er hätte mich auch gegoogelt und festgestellt, wir würden nur 20 Kilometer auseinander wohnen und könnten uns doch mal zum Kuscheln verabreden! Ich antwortete zurück, dass da doch noch etwas fehlen würde, z. B. das Kennenlernen! Und zack hatte ich einen Telefonanruf, wann wir uns treffen könnten. Früher hätte ich mich wirklich umgarnt und geschmeichelt gefühlt, weil ich "gesehen" wurde, weil ich "einem Mann gefiel". Doch heute gehen bei solchen Aktionen die Alarmglocken bei mir an!

Er war Kriminalbeamter, aber man muss kein Genie sein, um meine Telefonnummer zu finden, die steht auf meiner Homepage. Doch er fand sich toll, dass er so clever war und diese herausgefunden hatte. Ich musste schmunzeln. Er war natürlich sofort enttäuscht, dass ich keine Zeit und auch kein Interesse an einem sofortigen Treffen hatte und über das Wochenende wegfahren würde. (Tja, ich hatte auch ein gutes, selbstbestimmtes Leben, bevor er auf dem Plan auftauchte.). Also wechselte er schnell auf WhatsApp, die Nummer hatte er ja jetzt bereits, weil er mir dort schnellere und längere Sprachnachrichten schicken konnte.

Ich fuhr auf mein Wochenende und bekam immer wieder Nachrichten, Komplimente und Schmeicheleien und auch Bilder zugeschickt. Um im Kontakt zu bleiben, fragte er auch immer nach, was ich gerade mache, wie es mir gehe, dass er gerade an mich denken müsse usw. Es war für mich sehr spannend, dieses "Umgarnen" zu beobachten. Die Sprüche und die Wortwahl erinnerten mich stark an meinen Expartner. Ich hatte keinerlei Gefühlsbewegungen, ich war auf Entdeckungsreise, was es mit mir machte, wie er weitermachen würde und was noch kommen würde, deshalb ließ ich es zu.

Spannend war zu beobachten, dass er mich ständig fragte, was ich heute noch vorhabe, aber auf meine Fragen, was er mache, nicht einging. Zu beobachten war dann auch, dass meine Nachrichten an diesem Wochenende abends zwischen 19 und 1 Uhr nicht zugestellt wurden und erst danach abgerufen wurden. Er hatte wohl Dates. In seinen Nachrichten kam er auch immer sehr direkt auf das Thema Sexualität, Tantra und Kuscheln zu sprechen und wollte wissen, wann wir uns verabreden und endlich treffen würden.

Wie bereits erwähnt, sagte ich ihm, ich würde ihn nicht kennen und wisse nichts über ihn, z. B. ob er Kinder habe, ob und wie oft er verheiratet war usw. Ich hatte ihn zwar gegoogelt und er war wirklich ein hohes Tier bei der Kripo, doch ich kannte den Menschen dahinter nicht, nur seine Karriere und sein Bild. Ich würde mich nicht einmal mit jemandem auf ein gemütliches Glas Wein verabreden, von dem ich nichts weiß. Daraufhin rief er mich sofort wieder an und erzählte mir, dass er Kinder habe, mehrere Ehen hinter sich habe, gerade frisch getrennt sei und sich zwischen den Beziehungen immer wieder ausprobiert habe.

Im Moment sei er gerade wieder in "so einer Phase". Ich fragte ihn, was er mit "ausprobieren" meine. Er antwortete: dass er nicht direkt auf der Suche nach einer Beziehung wäre, aber wenn sich etwas ergeben würde ... Ich fragte weiter: "Warum sind deine Beziehungen oder deine Ehen gescheitert?" Seine Antwort: "Es wurde mir manchmal zu langweilig und ich war nicht immer ganz treu." (Nee, ist klar.) Ich verabschiedete mich aus dem Gespräch und ließ die Info kurz sacken.

Dann hörte ich in mich und übersetzte, was er gerade so von sich gegeben hatte:

1. Treue ist ihm nicht wirklich wichtig. (Mir aber.)

2. Er war nicht an einer ehrlichen und festen Beziehung interessiert, er wollte sich ausprobieren. (Ich aber nicht.)

3. Er stellte immer wieder klar, wie wichtig ihm Sex ist und wie toll er es sich mit mir vorstellt. (Wozu? Wir kannten uns nicht.)

4. Er wurde gerade verlassen und war auf der Suche nach schnellem Ersatz – oder sollte ich sagen: nach einer Ersatzbefriedigung.

5. Er legte ein Tempo und eine Erwartungshaltung vor, die mich abschreckte.

Meine Reaktion war, ihm sofort mitzuteilen, dass sich seine Erwartungen und Werte nicht mit meinen deckten und dass ich nicht interessiert daran war, den Kontakt weiter zu vertiefen. Es fühlte sich sofort richtig und stimmig an. Ich musste es nicht aushalten, musste für niemanden da sein, der keine Grenzen und kein Nein akzeptiert, der meine Werte nicht teilt, der es mit der Treue nicht ernst nimmt usw. Und ich musste auch keinen Kontakt pflegen, der mir "nichts" bringt, außer dass er mich Zeit kostet.

Zumindest hatte er noch so viel Anstand, mir kurz und knapp zu antworten. Er meinte, es sei schade und ich würde unsere gemeinsame Zukunft wegwerfen. "Wer weiß, was sich alles hätte entwickeln können?" Dann war ich auch schon auf allen Kanälen gelöscht und blockiert.

Früher hätte so eine Reaktion, dass ich blockiert wurde, auch etwas mit mir gemacht, ich hätte mich abgelehnt gefühlt. Heute weiß ich, das sind Machtspiele, die nichts und rein gar nichts mit mir zu tun haben, sondern nur mit der gekränkten Eitelkeit des Gegenübers und seinem Gefühl von Kontrolle und Macht (ich bestimme über unseren Kontakt, nicht du). Verstehst du, was ich meine? Heute entlocken mir solche Reaktionen ein Lächeln und ich habe Mitgefühl. Ich muss es niemandem mehr recht machen, nur mir – und dann werde ich automatisch meinem Gegenüber gerecht, dann bewegen wir uns auf Augenhöhe.

Verletzte Seelen verletzen, geheilte Seelen heilen.

Hier ein paar Beispiele für manipulative Rhetorik:

Schmeicheln/Lovebombing: Du wirst über alle Maßen gelobt, sei es beim ersten Date oder bereits bei der ersten Kontaktaufnahme. Egal, was du tust oder sagst, er/sie findet es fantastisch, himmlisch, genial, wollte genau das auch immer schon mal machen, findet deinen Musikgeschmack einfach nur super, liebt dieselben Kinofilme wie du und teilt einfach alles mit dir. Wenn du Fallschirmspringen willst, will er/es das auch. Egal, was du machst oder sagst, er/sie findet es großartig und hängt an deinen Lippen. Findest du Zelten toll, findet er/sie es romantisch, organisiert das sofort und überrascht dich damit. Du hörst nach ganz kurzer Zeit schon, dass du die große Liebe bist, auf die er/sie schon immer gewartet hat. Er/sie ist endlich angekommen und ihr seid Seelenpartner, Seelenverwandte, Dualseelen. Er/sie wird dir erzählen, dass so etwas nur einmal im Leben passiert. (Aber glaube mir, das wurde allen "Exen" vor dir bereits erzählt.)

Weiteres Beispiel: Der Kollege oder die Kollegin: "Du kannst das doch so gut, könntest du mal eben ..." "Ich bewundere es immer, wie toll du deine Präsentationen machst, könntest du mir meine auch so schön machen?" Oder du bist bei einem Vorstellungsgespräch und hörst Sätze wie: "Auf eine Person mit Ihrer Kompetenz haben wir schon immer gewartet ... Sie und Ihre Fähigkeiten sind so wichtig für unser Unternehmen." Du fühlst dich geschmeichelt, gebauchpinselt, kannst es kaum glauben, freust dich, dass es endlich einen Arbeitgeber gibt, der deine Fähigkeiten und dein Wissen schätzt. Du sagst im blinden Vertrauen zu, hinterfragst das Kleingedruckte nicht mehr ... und du bist im Netz gefangen. Der Tanz auf dem Vulkan beginnt, spätestens nach dem ersten Anruf: "Ich gehe davon aus, dass Sie so motiviert sind, dass Sie schon früher zur Einarbeitung zur Verfügung stehen. Wir haben ein wichtiges Meeting, da möchte ich Sie schon als unsere neue ... vorstellen." Eigentlich hättest du noch Urlaub, doch du willst nicht nein sagen, fühlst dich wichtig und geschmeichelt – und der Tanz auf dem Vulkan beginnt, du bist ins Netz gegangen.

Mitleid erregen – Die Kollegin erzählt dir von ihrer kranken Tochter und ob du nicht eben mal die wichtige Arbeit übernehmen könntest, weil sie heute früher nach Hause muss. Später entdeckst du auf Facebook ein Selfie aus der Umkleidekabine des nächsten Kaufhauses. Von wegen schnell zum kranken Kind ...

Oder wenn beim ersten Date schon darüber gesprochen wird, wie schlecht es ihm/ihr in der letzten Beziehung ging, dass er/sie lieblos behandelt wurde, dass ihm/ihr das Geld aus der Tasche gezogen wurde. Sie stellen sich als Opfer dar und wünschen sich endlich die richtige Frau (den richtigen Mann) an ihrer Seite, sie wollen endlich ankommen. Nicht mehr enttäuscht zu werden. Das drückt voll auf die Empathie des Gegenübers, der Mitleidsbonus und der Beschützerinstinkt werden geweckt.

Oh nein, der/die Arme, das tut mir so leid, dass er/sie so schlimme Dinge erleben musste. Bei mir soll er/sie es besser haben ... Dein Herz öffnet sich. Das Netz wird gespannt, der Kleber verteilt ...

Zwangsbeglücken – Mutti backt einen Kuchen und ruft dich an: "Kind, wann kommst du denn vorbei? Ich habe extra für dich einen Kuchen gebacken. Du willst doch nicht, dass ich den alleine esse?"

Du willst deine Ruhe, plötzlich steht eine Freundin mit einer Flasche Sekt in der Tür und will mit dir feiern. Du bist müde und sagst das auch, aber sie sitzt schon auf deinem Sofa und hat davor aus deinem Schrank die Gläser geholt. Sie lächelt dich an und sagt: "Sei doch kein Spielverderber!" Und du setzt dich zu ihr.

Du hast schon seit Wochen einen Mädelsabend geplant und ihr wollt auf ein Konzert. Aber plötzlich kommt er mit einer "Überraschung". Er hat für euch ein Wellnesswochenende gebucht. Du bist in der Zwickmühle, sagst klar und deutlich, dass du dich freust, doch er wusste doch, dass du verplant bist. Dann wird er von dir enttäuscht sein, wird dir sagen, dass er es extra für dich ausgesucht hat und dir nichts recht machen kann. Du wirst dich höchstwahrscheinlich für das Wellnesswochenende entscheiden, weil du ihn nicht enttäuschen möchtest.

Druck und Angst ausüben – "Sei so, wie ich es will, sonst verlasse ich dich." – "Du kannst mich nicht verlassen. Schau dich doch an, so nimmt dich sowieso keiner mehr." – "Du wirst ohne mich nie wieder glücklich werden." – "Ohne mich bist du gar nichts." – "Ich lasse alle Konten sperren, mal sehen, wie weit du ohne mich kommst." – "Denken Sie daran, da draußen warten einige auf Ihren Job. Sie können sich glücklich schätzen, dass Sie ihn noch haben."

Drohungen – "Ich mach dich fertig." – "Wenn du mich verlässt, nehme ich dir die Kinder weg." – "Wenn du mich verlässt, bekommst du nie wieder einen Fuß auf den Boden, ich werde dich fertig machen." – "Egal, wo du hinziehst, ich werde dich finden, ich mache dich fertig." – "Die Unterlagen müssen noch fertig gemacht werden, sonst können Sie Ihren Urlaub nächste Woche vergessen."

Schlechtes Gewissen machen – "Du bist rhetorisch so gut, dass du es immer so hindrehst, dass ich hinterher als der Schuldige dastehe." – "Du denkst doch jetzt bestimmt ... Ist es nicht so?" – "Ich habe das doch alles nur für dich getan, ich wollte dir doch nur eine Freude machen." – Es wird etwas über deinen Kopf hinweg entschieden und du hörst: "Ich habe bereits ... Das willst du doch auch, nicht wahr, Schaaaaatz!?" (Übersetzt: "Ich dulde keine Widerrede!") – "Das musst du falsch verstanden haben, das habe ich so nie gesagt." – "Schmeckt dir der Kuchen nicht? Ich habe ihn extra für dich gebacken." – "Nie kann ich dir etwas recht machen, immer musst du mich kritisieren." – Ich habe alles für dich getan – und wie dankst du es mir?"

Oder du verabredest dich und nimmst deinen Partner mit zu deinen Freunden. Plötzlich fühlt er/sie sich nicht mehr gut, will lieber abseits sitzen und sagt zu dir: "Geh ruhig zu deinen

Freunden, du hattest dich doch so gefreut." Natürlich wirst du nicht zu deinen Freunden gehen, du bleibst bei ihm/ihr. Du hättest ein schlechtes Gewissen und das würde dir dann später vorgeworfen werden.

Geschenke – Am Anfang, wenn es in der Beziehung "bröckelt", und auch in den Hoovering-Phasen wirst du mit Geschenken und Blumensträußen, die größer und schöner nicht sein könnten, überhäuft. Einfach so und immer mit den Worten: "Ich liebe dich, du bist so wundervoll, so zauberhaft, du hast es verdient, es tut mir so leid, ich werde mich ändern, du hast mir gezeigt, was wahre Liebe ist ..." Spüre in dich hinein. Was fühlt sich für dich gut an, was ist wirklich und echt? Du wirst die Antwort in dir finden.

Das manipulative Seufzen – Dieses Seufzen! Aus tiefster Seele seufzen. Kennst du das auch? Du fragst dann automatisch: "Was ist denn los?" Dann kommt das theatralische: "Ach, Schatz, das willst du nicht wissen!" Doooooch ... und du hast dich schon wieder auf das Spielchen eingelassen.

Wenn etwas zu gut ist, um wahr zu sein, dann sieh zu, dass du Land gewinnst. Wenn etwas zu schön ist, um wahr zu sein ist, dann ist es auch oft genau so. Achte auf dein Bauchgefühl, frage dich: Fühlt sich das echt an? JA/NEIN? – Tut mir das gut? JA/NEIN? – Will ich diesen Mann oder diese Frau, diesen Job wirklich? JA/NEIN? Oder ist es das Gefühl der Anerkennung, sich geschmeichelt fühlen?

Der Umgang mit Narzissten

Du wirst es nie ganz vermeiden können, auf Narzissten zu treffen, sei es im Freundeskreis, im geschäftlichen Bereich oder vielleicht doch wieder in einer Beziehung. Doch wenn du darauf vorbereitet und innerlich stark bist, werden dich der Narzissmus und die Folgen nicht mehr so treffen.

Achte auf die Zeichen, höre genau hin und erkenne, dass es sich um eine Person handelt, die eine wie auch immer geartete und ausgeprägte narzisstische Prägung hat. – Wie spricht die Person? Hörst du nur ICH-ICH-ICH ...?
Hörst du nur "Ich bin ... Ich mache ... Ohne mich wäre die Firma nichts ...!"? – Wie spricht er/sie über den Chef, die Expartner, über andere Menschen? Ist es wertschätzend oder abwertend und sich selbst erhöhend? – Wie geht er/sie z. B. im Restaurant mit dem Personal um? Werden diese überheblich, von oben herab und wie Dienstboten behandelt? – Sind an ihrem Scheitern und Schicksal immer alle anderen schuld? – Hat er/sie oft wechselnde Beziehungen, viele gescheiterte Ehen hinter sich?

Gib ihm/ihr keine Bühne (löse dich aus der narzisstischen Aura). Geh nicht auf seine Spiele, Vorwürfe ein. Ein Narzisst weiß genau, wo deine Schwachpunkte sind, wie er dich verletzen kann. Jeder Narzisst braucht seine Bühne und seine Protagonisten, um sich zu nähren. Wenn man ihm den Nährboden entzieht, entzieht man ihm sein "Lebenselixier". Alleine ist er nicht existenzfähig und sucht sich ein neues "Wirkungsfeld".

Setze klare Grenzen. Wenn du den Kontakt nicht vermeiden kannst, dann setze klare Grenzen. Werde vom Opfer zum Erzieher. Doch Achtung, dazu brauchst du ein extrem dickes Fell und Ohren, die du auf Durchzug stellen kannst. Trainiere dir Strategien an, die du wiederholen und wieder und wieder abspulen kannst. Ähnlich wie bei einer Schallplatte, die einen Sprung hat. Diese Taktik ist sehr kräfteraubend und zehrend. Glaube mir, ich weiß, wovon ich rede. Aber wenn dir die Beziehung, die Freundschaft oder der Arbeitsplatz wichtig ist und du nicht "fliehen" kannst, dann wirst du die Kraft aufbringen.

Abstrahiere, dass dein Gegenüber ein Narzisst ist. Du musst ihm/ihr nicht gleich an den Kopf werfen, dass er/sie ein Narzisst ist. Sobald sie Widerstand spüren, schlagen sie verbal um sich und drehen den Spieß einfach um. Aber du kannst in einem Gespräch einfach mal so etwas fallen lassen. Zum Beispiel: "Seit Jahren gibt es in den sozialen Medien einen Anstieg von Narzissmus. Die sozialen Medien machen es Narzissten leicht, sich mit ihren Selfies zu präsentieren und sich bewundern zu lassen." Oder: "Wusstest du, dass Psychologen berichten, dass hinter jeder Wut oder krankhaften Eifersucht Verlust- oder Versagensängste stecken?" Warte die Reaktion ab, du wirst erkennen, dass es zu inneren Konflikten kommt, dass sie sowieso alles auf sich beziehen, denn sie stellen schnell eine Verbindung zu sich her. Entweder der Narzisst ignoriert es oder er fühlt sich bestätigt ("Ja, so bin ich eben ...") Oder er fühlt sich enttarnt und sucht das Weite. Es ist eher unwahrscheinlich, dass er von sich aus versucht, etwas zu verändern an seinem selbsternannten gottähnlichen Status.

Klare und deutliche Kommunikation. Narzissten wollen mit ihrer Kommunikation (Lügen, Erniedrigungen, Entwertungen) immer ein Gefühl und damit eine Reaktion im Gegenüber hervorrufen. Aber lass dich nicht provozieren und zu unüberlegten Handlungen hinreißen, um sie noch zu bestätigen. Sprich die Lügen an, sprich Klartext, zeige, dass du sie durchschaut hast. Versuche dabei, immer ruhig und sachlich zu bleiben, zur Not ignoriere, bleibe bei dir. Frage dich einfach, wenn es dich triggert, woher kennst du das Gefühl?

Begib dich auf die Metaebene. Wenn es dir ganz schwerfällt, ruhig und gelassen zu bleiben, du die Situation im Moment emotional nicht im Griff hast, ziehe dich raus. Verlasse dazu gerne den Raum. Betrachte die Situation wie ein Zuschauer im Kino, der den Film, der gerade lief, in Zeitlupe ansieht und beobachtet. Frage dich: War die Situation gerade wirklich so? Hast du es wirklich so erlebt? Wurde dir wieder etwas in die Schuhe geschoben oder unterstellt? War das so oder solltest du es nur wieder glauben und an dir zweifeln? Verschaffe dir einen Moment des Rückzuges und damit Klarheit, ob es wieder Mobbing oder Gaslighting ist. Und dann überlege dir: Braucht diese Situation von dir eine Reaktion oder kannst du die Bühne des Narzissten auch einfach verlassen und dem Akt ein Ende setzen?

Gegenangriff. Wenn du dem Treiben und den Angriffen selbst entgegenstehst und mit Gegenangriffen reagierst, nimmst du ihm die Freude und bist aus dir ihm zugewiesenen Opferrolle ausgestiegen. Schau, ob und ab wann du die Kraft dazu hast und wann Flucht oder Kampf angesagt ist.

Oft steckt ein Schrei nach Liebe dahinter. Du kannst auch einfach alles aus der Metaebene betrachten und dich fragen, was ist das Bedürfnis dahinter? Aufmerksamkeit wie bei einem kleinen Kind, das einfach nur gesehen und geliebt werden will? Auch kleine Kinder buhlen um die Aufmerksamkeit ihrer Eltern, indem sie etwas zerstören, sich danebenbenehmen oder was auch immer anstellen, nur um die ungeteilte Zuwendung zu erhaschen. In diesem Fall ist es negative Aufmerksamkeit, aber sie haben es geschafft.

Vielleicht kannst du das Bild des kleinen, um Liebe schreienden Kindes mit einem Schnuller im Mund sehen und musst beim nächsten Terrorakt darüber lachen. Nimm dem Bösen den Schrecken.

Flucht oder Kampf? Manchmal ist es besser, solche Menschen zu meiden und einfach zu gehen! Zu kämpfen ist vergeudete Zeit und Energie und kostet nur unnötig viel Kraft. Narzissten lassen sich nicht "erziehen", und du hast keinen Erziehungsauftrag, also lass los. Auch für Therapeuten gibt es wohl kaum eine schwierigere psychische Persönlichkeitsstörung als Narzissmus. Denn selbst in der Therapie manipulieren sie, erzählen ihre ganz eigene Wahrheit, die oft nicht im Entferntesten etwas mit der Realität zu tun hat. Sie reden sich selbst schön und lassen alle anderen in einem schlechten Licht dastehen. Selbst wenn der narzisstisch geprägte Partner dir zuliebe zum Therapeuten geht, kommt er oft mit der "Diagnose" zurück, dass nicht er das Problem (Narzisst) ist, sondern du!

Selbstverantwortung übernehmen. Selbstverantwortung kommt nicht immer von alleine. Oft ist es ein schwieriger Weg. Im Wort Selbst- oder Eigenverantwortung steckt "Antwort" und "Selbst - eigen". Es geht also darum, die eigene Antwort zu finden. Darum, Lösungen zu finden für Umstände, die uns herausfordern, und dafür die volle Verantwortung zu übernehmen. Es geht um uns selbst. Und wer sich bisher häufig vor der Verantwortung gedrückt und anderen die Schuld für alles gegeben hat, sollte nicht enttäuscht sein, wenn nicht sofort ein Wunder geschieht. Es braucht eben seine Zeit, um Selbstverantwortung zu lernen und die neue Einstellung auch wirklich in die Tat umsetzen zu können. Das eigene Leben selbst in die Hand zu nehmen. Bewusst selbst Entscheidungen zu treffen. Die Verantwortung zu tragen für das, was wir tun, sowie auch für das, was wir nicht tun. Egal, ob es in eine positive oder negative Richtung geht. Wir haben es in der Hand, wie wir unser Leben gestalten. Zu unterscheiden, wo wir tätig werden sollten und wo nicht, gehört auch zur Selbstverantwortung.

Eigenverantwortung übernehmen

Stelle dir die richtigen Fragen: Bist du problemorientiert oder lösungsorientiert? Welche Fragen stellst du dir und was denkst du über die Situation, deine Trennung oder die Krise? Um die Verantwortung für dich und dein Leben zu übernehmen, empfehle ich dir, dir die richtigen Fragen zu stellen, denn dein Gehirn wird dir dann auch die richtigen Antworten und Lösungen zeigen.

Ein WARUM wird dich nicht weiterbringen. Zu fragen, warum dir das passiert ist, wird dir keine konstruktiven Lösungen aufzeigen. Es wird dadurch nur ein Gedankenkarussell in Schwung gebracht, das du nicht mehr stoppen kannst. Aber du wirst sehen, je mehr du die Lösung suchst und den Fokus auf die Zukunft lenkst, umso besser wirst du dich fühlen, denn die Ohnmacht kann sich nicht breitmachen und du stärkst dich und deinen Selbstwert.

Erinnere dich an die Übung "Blick in die Kristallkugel", diese Fragen werden dir in verschiedenen Phasen weiterhelfen, wenn du sie aus verschiedenen Perspektiven betrachtest und in verschiedenen Phasen beantwortest. Eine weitere gute Frage ist: "Macht mich das glücklich?" Mach dich einfach selbst wieder glücklich! Denn gute Gedanken geben dir die Kraft und Energie, schlechte Tage besser zu überleben, vor allem wenn noch Kinder da sind.

Bewusst loslassen und das Schweigen brechen

Brich das Schweigen, löse dich von Scham, sprich dein Leid, dein Martyrium klar und deutlich an und aus. Hole dir Hilfe und Unterstützung.

"Ich bin nicht verantwortlich für die Dinge und für das, was andere tun, ich bin nur verantwortlich für meine Reaktion darauf!

Ich habe die Wahl, wie ich darauf reagiere und was ich daraus mache", sage ich immer. Also: Bleibe ich in der beliebten Opferrolle, oder entscheide ich mich für einen Rollen- und Perspektivenwechsel, um in die eigene Stärke und das eigene Selbstwertgefühl zu gehen? Das nennt man auch, ein selbstbestimmtes Leben zu leben. Das kann sehr kraftvoll und der entscheidende Wendepunkt sein, denn jede Trennung bietet dir ungeahnte neue Chancen.

Jede Trennung bietet der Liebe eine neue Chance

Sicher kannst du dir das noch nicht vorstellen, dass dein Beziehungsaus einen Sinn haben soll – geschweige denn noch etwas Gutes. Aber es ist oft so, dass viele Menschen nach schweren Schicksalsschlägen ihr Leben bewusst in die Hand genommen und eine innere Stärke entwickelt haben, die sie andernfalls nie erreicht hätten. Dass sie das Leben viel mehr leben und zu schätzen wissen und jeder Tag kostbar ist für sie.

Und nach einer gewissen Zeit – häufig erst nach Jahren, wenn die Seele und der Körper wieder geheilt sind – wird es auch dir bewusst werden, dass die Trennung vom damaligen Narzissten etwas Gutes hatte und eine Erlösung war. Folgende Beispielsätze höre ich nach Jahren immer wieder von ganz unterschiedlichen Menschen, Freunden, Interviewpartnern und Klienten:

"Dadurch, dass ich wieder alleine war, habe ich meinen heutigen Partner kennengelernt. Ich war noch nie so glücklich wie heute."

"Durch die unschöne Trennung (die ich niemandem wünsche) konnte ich erst meine Persönlichkeit voll entfalten. Heute bin ich ein ganz anderer Mensch und bin sehr froh darüber."

"Ich hätte ihn schon viel früher verlassen sollen. Ich habe Jahre damit verbracht zu glauben, ihn mit meiner Liebe heilen zu können. Dabei hat er mich nur ausgenutzt und hatte mehrere Frauen nebenher. Meine neue Liebe ist ein Geschenk für mich, wir begegnen uns auf Augenhöhe. Das konnte ich erst erkennen und zulassen, nachdem ich gelernt habe, mich selbst zu lieben und mich nicht mehr zu bestrafen!"

"Erst nach der Beziehung habe ich gemerkt, was ich alles für meinen damaligen Partner aufgegeben hatte. Wie sehr ich mich habe verbiegen lassen und mich für ihn aufgeopfert habe."

"Jetzt habe ich eine Beziehung und einen Partner gefunden, der meine Bedürfnisse mit mir teilt und auf mich eingeht. Vorher musste ich alle seine Bedürfnisse befriedigen und wusste nicht einmal mehr, dass ich eigene haben darf. Ich hatte mich nicht mehr. Es ist wundervoll, so jemanden an meiner Seite zu haben."

"Ich war am Boden zerstört, er war die Liebe meines Lebens. Ich habe alles getan, was er wollte, trotzdem hat er mich geschlagen und missbraucht. Ich wollte meinem Leben ein Ende setzen. Doch dann hat er mich verlassen. Ich dachte, ich muss sterben, dabei hat mein Leben begonnen, als mein Partner mich verlassen hat. Heute bin ich ihm so dankbar dafür."

Übung: Erstelle deine persönliche Liste – was ist das Gute am Schlechten?

So, nun bist du dran. Schreibe dir alles auf, was du immer schon einmal machen wolltest, aber aus irgendwelchen Gründen nie getan hast. Jetzt kannst du selbst nach dem Positiven deiner Trennung suchen. Du darfst träumen und deinen Wünschen freien Lauf lassen.

Mal angenommen, du hättest 10 Wünsche frei ... Was könnte das bei dir sein?

_____

_____

Welche guten Dinge werden erst durch die Trennung für dich möglich?

_____

_____

Was kannst du ohne deinen Partner jetzt endlich verwirklichen?

_____

_____

Welche Ausbildung, welche Reise, welchen Sport?

_____

_____

Was kannst du Negatives zurücklassen?

_____

_____

Wenn du den Gedanken an das Positive der Trennung NOCH nicht zulassen kannst, lass ihn weg. Das kommt später von ganz alleine. Dann setze dir einfache Ziele, frage dich z. B., wo du in einem, zwei, fünf oder in zehn Jahren sein willst.

_____

_____

Und wer weiß, wem du auf dem Weg des Lebens begegnest? Vielleicht deiner großen Liebe, vielleicht entdeckst du ein neues Hobby, eine neue Leidenschaft, ein neues Land?

Vergebung

Wie oft hast du dich bereits selbst dafür verurteilt oder selbst zu dir gesagt, wie blöd du doch bist, dass du auf einen Narzissten hereingefallen bist, dass du wieder seinen Lügen geglaubt hast? Wie oft hast du dich vor anderen geschämt, dass du wieder zurückgegangen bist in diese Beziehung? Wie oft hast du dich schlagen und demütigen lassen, nur damit er die Kinder in Ruhe lässt? Wie oft hast du dich für sein Verhalten anderen gegenüber geschämt? Wie oft hast du vor Scham geschwiegen?

Dann wird es Zeit, dir selbst zu vergeben!

Die Macht der Vergebung ist für mich eine der wichtigsten Mächte überhaupt. Sich selbst zu vergeben, kann sich im ersten Moment sehr schmerzhaft anfühlen, doch auf dem Weg zu einem selbstbestimmten und befreiten Leben ist es unabdingbar.

So wie es eine Macht der Gedanken gibt, so gibt es auch eine Macht der Vergebung. Es sind so viele kleine und große Schritte, die unser Denken und damit unser Leben verändern können. Und all dem steht die bewusste Entscheidung voran, aus der Opferrolle auszusteigen und in die Eigenverantwortung zu gehen. Das bedeutet auch, seine eigenen Schattenanteile anzunehmen und sich selbst zu vergeben für all das, was man mit sich hat machen lassen, für all das, was man sich selbst damit angetan hat, usw.

Nicht jede Technik, nicht jede Methode ist die richtige für jeden, deshalb biete ich dir verschiedene Möglichkeiten an – und eine davon ist diese hier:

Ho'oponopono

Vor Jahren entdeckte ich durch eine Empfehlung einer Freundin diese wundervolle Methode. Seither begleitet sie mich nicht nur im privaten Bereich, sondern ich wende sie oft im Coaching, in meinen Workshops und Vorträgen an. Es ist jedes Mal sehr berührend, die Reaktionen zu erleben und vor allem die tiefe emotionale Ergriffenheit und Wirkung auf die Menschen, die sich auf diese Methode einlassen.

Ich spreche von Ho'oponopono, einem hawaiianischen Vergebungsritual. Heute ist es in meinen Seminaren und Vorträgen ein fester Bestandteil geworden, den weder ich noch meine Teilnehmer missen möchten. Immer wenn ich mit mir oder einer anderen Person im "Unreinen" bin, wende ich dieses Ritual an, erhöhe meine Schwingung damit und das hat positive Auswirkungen auf mein Umfeld. Wie wir bereits aus der Quantenphysik wissen, wirken sich positive Gedanken und Worte sehr auf unsere Gefühle und damit auf unser Verhalten aus. Doch nur dann, wenn sie mit unserer Programmierung des Unbewussten (Unterbewusstseins) übereinstimmen. Negative Gedanken sind ebenso mächtig, deshalb sollten wir diesen keine Chance mehr geben.

Was ist Ho'oponopono?

Es ist ein Vergebungsritual in mehreren Schritten. Eine "Konfliktlösung", die von den hawaiianischen Kahunas (Schamanen) überliefert wurde. Übrigens ist Ho'oponopono heute in den USA eine anerkannte Therapieform. Es wirkt geradezu wie ein Wunder, wenn man in Resonanz kommt mit den eigenen Gefühlen wie Zorn, Ärger, Wut, Hass, Unverständnis, Trauer usw. und diese Gefühle und Emotionen dann in positive Energie und Liebe umlenken kann.

Laut verschiedenen Überlieferungen wird Ho'oponopono als eine geistige Reinigung definiert, die ursprünglich als Familienkonferenz abgehalten wurde und auch heute noch zur Verbesserung der zwischenmenschlichen Beziehungen zelebriert wird. Ho'oponopono erlaubt es dem Menschen, die Fähigkeit zu erlangen, über die wechselseitige Vergebung sich selbst und anderen zu vergeben und zu heilen. Durch die einfache Anwendung kann es auch alleine durchgeführt werden.

Wir alle wissen, dass eine unaufhörliche Gedankenhygiene emotional und körperlich heilend wirkt und durch Mantren und Gebete sogar noch unterstützt werden kann. Deshalb wirken Ho'oponopono-Gebete kraftvoll, füllend, nährend und energetisch auf deine Gefühls- und Gedankenwelt ein. Denn wir können nur in eine Richtung denken, positiv oder negativ, und dadurch unsere Gefühle gezielt verändern.

Es geht so weit, dass die eigene Seele und unsere Emotionen durch die vielen positiven Impulse, die das positive, liebevolle Denken verursacht, konstruktiv beeinflusst wird. Wie schon erwähnt, entstehen im Gehirn so neue neuronale Verbindungen. Ich hätte es nicht gedacht, aber es funktioniert wirklich.

Die Kurzform der vier Sätze

Hier sind die vier Ho'oponopono-Sätze und die Bedeutung dahinter:

1. Es tut mir leid (das bedeutet, ich nehme das Problem an).

2. Bitte verzeih mir (wenn ich dich oder andere bewusst oder unbewusst verletzt habe).

3. Ich liebe dich.

4. Ich danke dir (dass ich das Problem erkennen und heilen durfte).

Für mich war es die größte Herausforderung, in das Gefühl der Liebe zu gehen und diese Sätze von ganzem Herzen zu fühlen, statt sie nur so vor mich hinzusagen. Ich musste es wirklich von innen heraus empfinden. Auch den Mut zur Vergebung zu finden und diese ehrlich im Herzen zu spüren, war für mich in den Momenten, in denen eigentlich mein Zorn und meine Wut präsent waren, eine echte Herausforderung. Aber ich habe sie angenommen, mein Herz geöffnet und durfte den inneren Frieden, die Vergebung und die Liebe spüren. Und ich gebe zu, am Anfang war es nicht leicht, es fühlte sich an wie Sahne auf dem bereits beschriebenen Hundehaufen. Aber mit der Zeit wurde es immer leichter und leichter, und mit etwas Übung war es ganz einfach, schnell in diese positiven Gefühle zu kommen.

Irgendwann hatte ich aus diesen vier Sätzen für mich mein ganz eigenes Ritual entwickelt, weil es sich für mich so besser angefühlt hat. Ich war immer schon sehr kreativ und habe daher mein eigenes "Ho'oponopono-Gisa-Special" daraus gemacht. Ich musste mit der Zeit lernen, mir selbst zu vergeben und mich selbst wieder zu lieben. Allein der Satz "Ich vergebe mir" war für mich so wichtig und schwierig wie der Satz "Ich vergebe dir".

Im Gegensatz zu den vier sehr einfachen Sätzen aus dem Originalritual fehlte mir die tiefe Selbstvergebung und die Selbstliebe. Gerade in der Zeit der Trennung und Selbstzweifel ist es extrem wichtig, sich selbst zu vergeben und endlich mehr Selbstliebe zu schenken.

1. Es tut mir leid (ich nehme das Problem an).

2. Bitte vergib mir – ich vergebe dir – ich vergebe mir.

3. Ich liebe dich – ich liebe mich.

4. Ich danke dir – ich danke mir.

Immer wenn du dieses Ritual wie ein Mantra innerlich sprichst und dich ganz bewusst mit deinem Herzen verbindest, ins Mitgefühl für dich und deinen Ex-Partner gehst, dann wirst du die Macht der Vergebung und der Liebe spüren. Es ist so heilsam und so kraftvoll, die Macht der Vergebung zu erleben und zu fühlen, ein innerer Frieden macht sich breit und bleibt. Genau das spiegelt sich dann im Miteinander wider. Wie innen so außen.

Wenn du das Ritual beginnst, dann spüre in dich hinein und mache wieder einen Body-Scan, wenn du die Emotionsskala von 0 bis 5 betrachtest. 0 ist wie immer "ganz stressig und unwohl" und 5 ist "super gut drauf". Was fühlst du gerade, wo stehst du?

- Setze dich entspannt auf einen Stuhl und stelle beide Füße fest auf den Boden, atme tief ein und aus. Wenn du magst, schließe die Augen und stelle dir vor, wie aus deinen Füßen Wurzeln in den Boden wachsen und wie du dich mit der Erde verbindest.

- Atme weiter entspannt ein und aus, lass dabei deinen Atem und deine Energie in die Wurzeln strömen. Vielleicht spürst du auch schon, wie über diese Wurzeln mit jedem Atemzug mehr und mehr Energie, Liebe und Stärke zurück in deinen Körper strömen und dein Herz umhüllen. Verbinde dich mit dem Gefühl der Liebe und mit deinem Herzen.

- Denke noch einmal an die besagte Person und den gemeinsamen Konflikt.

- Jetzt beginne damit, die Sätze laut und deutlich auszusprechen – und vor allem auch, sie zu fühlen.

1. Es tut mir leid (ich nehme das Problem an).

2. Bitte vergib mir – ich vergebe dir – ich vergebe mir.

3. Ich liebe dich – ich liebe mich.

4. Ich danke dir – ich danke mir.

⊙ Wiederhole diese Sätze mindestens 3-mal hintereinander.

⊙ Zum Abschluss spüre noch einmal in dich hinein: Wie hat sich dein Wert auf deiner Emotionsskala verändert? Spürst du, wie wertvoll und tief dieses Ritual wirkt und was für ein machtvolles Werkzeug es ist?

Raum der Liebe

Im Grunde finden unsere Gedanken in unserem Kopf in verschiedenen Räumen (oder Schubladen) statt. Damit meine ich die Gedanken, die unsere Emotionen auslösen, welche unser Verhalten und damit unsere Beziehungen beeinflussen.

Egal, in welcher Beziehung wir unterwegs sind, in der zu unserem Partner, unserem Chef, zu Freunden oder unseren Familienmitgliedern, es sind immer verschiedene emotionale Räume, die sich in unserem Inneren befinden. Oder sollte ich sagen: in denen wir uns "aufhalten"? Doch der wichtigste Raum ist der Raum der Liebe, der Selbstliebe. Wie soll uns jemand lieben, wenn wir uns selbst nicht lieben, wie soll uns jemand wertschätzen, wenn wir uns selbst nicht wertschätzen?

Nun zur Übung

Stell dir einmal vor, du befindest dich in einem Haus, und jeder Gedanke oder jedes Wort, das du sprichst, wird wie von Zauberhand an die Wand geschrieben – die Wände spiegeln deine Worte und Gedanken wider.

Wie in jedem Haus gibt es auch hier verschiedene Räume, z. B. den Raum der Liebe, den Raum der Wertschätzung, den Raum der Freude oder den Raum der Angst (nicht gut genug zu sein oder nicht liebenswert zu sein usw.). Dann gibt es noch den Raum der Ablehnung (Abwertung). Das ist der Raum, in dem alles gesehen und verinnerlicht wird, was uns an uns selbst stört. Das, was wir ablehnen, ist der Nährboden für Streit und Trennung, von Menschen, aber auch von uns selbst.

Worauf liegt dein Fokus? Erinnerst du dich noch an die Geschichte mit den Wölfen? Welcher gewinnt? Der, den du nährst. Genau so ist es hier auch. In welchem gedanklichen Raum befindest du dich in deiner Beziehung zu anderen – aber vor allem zu dir selbst – am meisten? Im Raum der Liebe und Selbstliebe (alles, was du liebst und liebenswert an dir oder deinem Partner findest)? Oder im Raum der Ablehnung, der Selbstvorwürfe (alles, was dich stört und zu Vorwürfen und Streit, zu Selbstablehnung, zu Erniedrigung führt und Zorn und Wut aufrechterhält)? In welchem Raum möchtest du dich in Zukunft aufhalten? Wie sollen sich deine Selbstliebe, dein Selbstwert oder deine zukünftige Beziehung zu dir selbst anfühlen?

- Bitte nimm zwei leere Blätter (symbolisch für die beiden Räume). Das erste Blatt ist für die "Ablehnung" und das zweite Blatt für die "Liebe und Wertschätzung".

- Schreibe auf das erste Blatt alles, was du an dir ablehnst, was dich stört, aber auch was zu Streit und Konflikten in der Beziehung führt. Und das zweite Blatt steht für die andere Seite der Liebe oder Beziehung. Schreibe bitte alles auf, was du an dir liebst, warum du dich in dich verlieben solltest und was du an dir liebenswert findest. Wenn ich sage, schreibe alles auf, dann meine ich ALLES. Zur Not benutze auch die Rückseite. Und wenn du fertig bist, dann frage dich bitte noch einmal: Was und wofür liebe ich mich und warum sollten mich andere lieben?

Fertig?

- Dann nimm den ersten Zettel, aber das willst du nicht mehr, stimmt's? Du hast mit der Übung bereits den Fokus auf deine liebenswerten Seiten gelegt, den Schalter wieder auf Liebe gestellt. Zerreiße das erste Blatt und verbrenne es ... Lass los, was dir nicht guttut. Du wirst sehen, je öfter du dich im Raum der Liebe aufhältst, umso leichter wird dir die Selbstannahme und Selbstliebe fallen.

⊙ Begib dich bewusst in den Raum der Liebe und rede mit deinem Partner, sag deinem Gegenüber, wie du dich fühlst, ohne Vorwürfe. Das funktioniert nicht nur in der Beziehung zu dir oder deinem Partner (vielleicht auch zu deinem zukünftigen Partner), sondern auch in anderen Lebenssituationen, z. B. mit dem Chef, der Arbeitskollegin usw.

Ich kann mir vorstellen, dass diese Übung noch sehr, sehr schwierig für dich ist, deshalb möchte ich dir eine weitere Übung aus meinen Seminaren anbieten.

Die Energiedusche

Schreibe eine Liste mit 10 Punkten auf, die du an dir magst, die du an dir schätzt oder wenn dir jemand ein Kompliment gemacht hat. Bitte höre nicht auf, bevor du 10 tolle Punkte gefunden hast.

1. _____
2. _____
3. _____
4. _____

5. _____

6. _____

7. _____

8. _____

9. _____

10. _____

Schreibe sie auch gerne in dein Tagebuch, lies dir die Punkte immer wieder durch, verinnerliche sie, nimm quasi eine Dusche darunter und schöpfe in emotional schlechten Momenten Energie daraus.

Wenn du mit dieser Übung noch nicht klarkommst, dann bitte deine Freunde, deine Familie, deine Kollegen, deinen Chef, deine Bäckereiverkäuferin, deine Eltern, deine Kinder – bei wem auch immer du dich traust ... Frage sie, was sie an dir schätzen, was dich ausmacht, was sie gut an dir finden usw.

Ich mache diese Übung in meinen "Mehr Mut zum ICH"-Workshops immer kurz vor der Mittagspause und bitte die Teilnehmer, diese Frage an mehrere Freunde oder – wie oben beschrieben – Familienmitglieder per Messenger, WhatsApp und SMS zu senden. Manche zögern, doch dann finden sie den Mut und senden diese Frage.

Kurz vor Ende des Tages bitte ich die Teilnehmer um Feedback und wie es ihnen mit der Übung erging. Wer möchte, darf die eine oder andere Antwort laut vorlesen. Oft sind sie so gerührt und berührt von den Rückmeldungen, dass sie diese unter Tränen vorlesen und sagen: "Ich wusste gar nicht, dass mich jemand so sieht."

Ich ermuntere sie alle dazu, diese Nachrichten zu sammeln, auszudrucken und bei sich zu tragen, sei es im Tagebuch oder in der Tasche. Und immer, wenn es ihnen emotional schlecht geht oder sie mal wieder an sich zweifeln, dann sollen sie sich diese Nachrichten durchlesen und eine neue "Energiedusche" nehmen.

Genau das empfehle ich dir hier nun auch! Lade deine Energiedusche auf und frage deine Vertrauten um ihre Meinung über dich. Du wirst erstaunt sein, welch wundervolles Feedback du erhältst.

Silent Body and Mind Talk – SOS-Hilfe für Körper und Seele

Zum Schluss möchte ich dir noch eine wichtige Übung mit auf den Weg geben, um aus emotional belastenden und stressigen Situationen aussteigen zu können und in einen entspannten Zustand zu kommen.

Viele meiner Klienten berichten, dass sie schlecht abschalten oder schlafen können, dass die Gedanken unaufhörlich kreisen und sie eine innere Unruhe und auch ängstliche Rastlosigkeit verspüren. Oft kommen Klienten auch völlig gestresst und aufgelöst zu mir und ein Coaching ist in diesem Zustand gar nicht möglich. Dann mache ich mit ihnen diese Silent-Body-and-Mind-Talk-Übung.

Wir wissen bereits, wie sehr Umwelteinflüsse unsere Gedanken und unseren Körper beeinflussen, und unser Körper besteht zu 65 bis 80 Prozent aus Wasser (je nach Alter). Die Masse des menschlichen Gehirns besteht zu 80 Prozent aus Wasser. Deshalb ist es wichtig, auch in stressigen Zeiten ausreichend zu trinken. Doch worauf ich hinaus möchte, ist Folgendes: Durch das sanfte Klopfen am Kopf und auf der Brust während der nachfolgenden Übung werden der Köper und das Gehirn in eine sanfte Schwingung versetzt und können sich dadurch schnell "entspannen".

Vorab mache einen Body-Scan und überprüfe dein Empfinden und deine Wahrnehmung:

- Auf einer Scala von 0 bis 5, wo ist dein Stresslevel? (5 ist "super entspannt", 4 "glücklich", 3 "erfreut", 2 "gesund", 1 "fit" und 0 ist "körperlich angeschlagen, müde, schlapp, emotional am Boden, Akku leer".)

- Suche dir einen Platz oder Raum, in dem du genügend Ruhe hast, und versetze dich in einen entspannten Zustand. Am besten machst du diese Übung im Sitzen. Nimm eine bequeme und aufrechte Haltung ein. Atme tief ein und aus.

- Die Klopfpunkte: Mit den Fingerkuppen entlang der Stirnkante und mit der flachen Hand sanft leicht links über der linken Brust (Herznähe) klopfen:

- Stirnpunkte mit den Fingerkuppen klopfen.

- "Brustpunkte" mit der flachen Hand klopfen.

- Lege eine Hand flach an den Hinterkopf und klopfe mit den Fingerkuppen der anderen Hand sanft an der Stirnkante (am Übergang zu den Haaren). Atme bewusst zwei Mal tief ein und aus und klopfe weiter sanft unterhalb des Haaransatzes weiter. Während des Klopfens kannst du deine Atmung bewusst mit deinen Gedanken unterstützen, indem du dir leise sagst: Mit jedem Einatmen atme ich Entspannung ein, mit jedem Ausatmen lasse ich ... (das, was dich belastet) los.

- Nach mehrmaligem Ein- und Ausatmen wechselst du mit der klopfenden Hand zur linken Brust (oberhalb), wieder sanft klopfen und entspannt atmen.

- Die hintere Hand wechselt auf die hintere Oberkante des Kopfes, die zweite Hand klopft weiterhin abwechselnd an Stirn und Brust, während du weiter zwei Mal entspannt ein- und ausatmest. Entspannung einatmen, Anspannung ausatmen.

- Nun wechseln wir mit der haltenden Hand direkt auf dein Kopfoberhaupt. Die zweite Hand klopft weiterhin abwechselnd an Stirn und Brust, während du zwei Mal entspannt ein- und ausatmest. Entspannung einatmen, Anspannung ausatmen.

- Die haltende Hand wandert auf die Stirn. Die zweite Hand klopft weiterhin abwechselnd an der Stirn (dieses Mal oberhalb der haltenden Hand) und an der Brust, während du weiter zwei Mal entspannt ein- und ausatmest. Entspannung einatmen, Anspannung ausatmen.

- Danach wechselt die haltende Hand zuerst auf den rechten Schläfenlappen und du atmest und klopfst wie bisher. Zum Abschluss wechselst du auf den linken Schläfenlappen (Achtung, hier muss die haltende Hand mit der klopfenden gewechselt werden). Die zweite Hand klopft weiterhin abwechselnd an Stirn und Brust, während du weiter zwei Mal entspannt ein- und ausatmest. Entspannung einatmen, Anspannung ausatmen.

- Nun senke die Arme, schüttele sie kräftig aus und entspanne sie, atme ein weiteres Mal tief aus, lass alles raus. Gähnen ist erlaubt und ein gutes Zeichen für Entspannung.

- Zum Abschluss spüre noch einmal in dich hinein, wie hat sich dein Wert auf deiner Skala verändert?

Als ich mich selbst zu lieben begann

Zum Abschluss möchte ich dir ein Gedicht mit auf deinen Weg geben. Beim Thema SELBSTLIEBE ist mir ein Gedicht von Charlie Chaplin eingefallen, das er an seinem 70. Geburtstag (16. April 1956) vorgetragen hat.

Als ich mich selbst zu lieben begann

Vertrauen
Als ich mich selbst zu lieben begann, habe ich verstanden,
dass ich immer und bei jeder Gelegenheit zur richtigen Zeit
am richtigen Ort bin und dass alles, was geschah, richtig ist.
Von da an konnte ich ruhig sein.
Heute weiß ich, das nennt sich Vertrauen!

Selbstachtung
Als ich mich wirklich selbst zu lieben begann,
habe ich verstanden, wie sehr es jemanden beschämt,
ihm meine Wünsche aufzuzwingen, obwohl ich wusste,
dass weder die Zeit reif noch der Mensch dazu bereit war –
auch wenn ich selbst dieser Mensch war.
Heute weiß ich, das nennt sich Selbstachtung!

Authentisch sein

Als ich mich selbst zu lieben begann, konnte ich erkennen,
dass emotionaler Schmerz und Leid nur Warnungen
für mich sind, gegen meine eigene Wahrheit zu leben.
Heute weiß ich, das nennt man authentisch sein!

Reife

Als ich mich selbst zu lieben begann, habe ich aufgehört,
mich nach einem anderen Leben zu sehnen, und konnte sehen,
dass alles um mich herum eine Aufforderung zum Wachsen war.
Heute weiß ich, das nennt man Reife!

Ehrlichkeit

Als ich mich selbst zu lieben begann, habe ich aufgehört,
mich meiner freien Zeit zu berauben, und ich habe aufgehört,
weiter grandiose Projekte für die Zukunft zu entwickeln.
Heute mache ich nur, was mir Spaß und Freude bereitet,
was ich liebe und was mein Herz zum Lachen bringt,
auf meine eigene Art und Weise und in meinem Tempo.
Heute weiß ich, das nennt man Ehrlichkeit!

Selbstliebe

Als ich mich selbst zu lieben begann, habe ich mich von allem
befreit, was nicht gesund für mich war, von Speisen,
Menschen, Dingen, Situationen und von allem,
das mich immer wieder hinunterzog, weg von mir selbst.
Anfangs nannte ich das gesunden Egoismus,
aber heute weiß ich, das ist Selbstliebe!

Einfach sein

Als ich mich selbst zu lieben begann, hörte ich auf,
immer recht haben zu wollen, so habe ich mich weniger geirrt.
Heute habe ich erkannt, das nennt man einfach sein!

Vollkommenheit

Als ich mich selbst zu lieben begann, habe ich mich geweigert,
immer weiter in der Vergangenheit zu leben und mich
um meine Zukunft zu sorgen.
Jetzt lebe ich nur mehr in diesem Augenblick,
wo alles stattfindet.
So lebe ich jeden Tag und nenne es Vollkommenheit!

Herzensweisheit

Als ich mich selbst zu lieben begann, da erkannte ich,
dass mich mein Denken armselig und krank machen kann.
Als ich jedoch meine Herzenskräfte anforderte,
bekam mein Verstand einen wichtigen Partner,
diese Verbindung nenne ich Herzensweisheit!

Das ist das Leben

Wir brauchen uns nicht weiter vor Auseinandersetzungen,
Konflikten und Problemen mit uns selbst und anderen
zu fürchten, denn sogar Sterne knallen manchmal
aufeinander und es entstehen neue Welten.
Heute weiß ich, das ist das Leben!

Charlie Chaplin

Diese Zeilen berühren mich immer und immer wieder und erinnern mich daran, worum es im Leben geht. Schreibe dir das Gedicht ab, drucke es dir aus, lass dich jeden Tag neu erinnern und inspirieren. Ich wünsche dir viel Selbstliebe, Vertrauen, Stärke und Glück auf deinem Weg.

Gisa

5.

Mein Rückblick, meine Learnings

5.

Wo stehe ich heute, wer bin ich heute? Wie habe ich mich durch meine Krisen und diese Beziehungen erfolgreich hindurchnavigiert? Die erste Trennung von meinem ersten Narzissten, mit dem ich genau ein Jahr Himmel und Hölle erlebt hatte, liegt zum Zeitpunkt der Buchfertigstellung fast fünf Jahre zurück. Es hat sich viel bei mir getan und ereignet. Ich habe meine Berufung immer mehr auf das Coaching ausgerichtet und meine Positionierung als Steh-auf-Coach, Buch-Mentorin und Autorin verfeinert und Podcasts, Video-Podcast, Blogartikel, Zeitungsartikel, Bücher usw. verfasst und veröffentlicht.

Mein Leben hat sich durch meine persönlichen Erfahrungen und Krisen entwickelt. Nicht weil ich diese Vergangenheit hinter mir gelassen habe, nein, ich habe sie in mein Leben und mein SEIN integriert. Sie macht mich zu der Person, die ich bin. Jede Krise bringt mich dazu, weitere Wunden und Blockaden anzusehen und zu heilen – und dadurch wird ein unglaubliches Wachstumspotenzial freigesetzt.

Viele Menschen beobachteten meine Entwicklung, wie ich mich mit der Zeit entfaltet habe, und wussten: Die hat es geschafft und kann mir weiterhelfen. Wie mir letztens eine Klientin so schön sagte: "Das ist nicht nur aus Büchern und Seminaren angelernt, nein, du lebst es auch vor und bist echt und authentisch!" So entstand der Begriff Steh-auf-Coach, weil ich immer wieder Menschen in Krisen helfe aufzustehen. Ich begleite sie dabei, wieder in ihre Kraft und Stärke zu kommen. Vor allem mache ich ihnen ihren Selbstwert, ihre Selbstliebe und ihr Selbstbewusstsein wieder bewusst und stärke sie. Ich bin ein Wegbegleiter für ihre Resilienz und Steh-auf-Kompetenz. Mehr bin ich nicht, denn sie schaffen es letzten Endes aus eigener Kraft, ich bin nur die Unterstützung.

Ich wünsche dir viel Glück und neue Lebenslust, denn du bist es wert, geliebt zu werden – nur eben von der richtigen Person! So – und jetzt stehe auf und genieße dein Leben, jetzt erst recht! Sei dankbar für alles, was du bis jetzt schon geschafft hast.

Be yourself, strong & beautiful.

Gisa Steeg

Hilfe, Schutz und Foren zum Austausch

Polizeiliche Beratung bei Gewalt und Sexualdelikten
Anlaufstelle bei sexueller Nötigung und Gewalt, Vergewaltigung, bei häuslicher Gewalt und Körperverletzung:

www.polizei-beratung.de/themen-und-tipps/sexualdelikte

www.polizei-beratung.de

Hilfe für Frauen bei psychischer Gewalt
Anonyme und kostenlose Beratung zu jeder Tages- und Nachtzeit unter den bundesweiten Telefonnummern sowie im Internet:

0800-1110111

0800-1110222

www.hilfetelefon.de/gewalt-gegen-frauen/haeusliche-gewalt

www.weisser-ring.de

Hilfe bei digitaler Gewalt
Digitale Gewalt, Verleumdung und Erpressung nehmen immer mehr zu und sind mittlerweile ein weitverbreitetes Phänomen. Das bedeutet, dass die emotionale und körperliche Gewalt im

Netz fortgesetzt wird. Der Begriff "digitale Gewalt" umfasst verschiedene Formen der Herabsetzung, Belästigung, Diskriminierung und Nötigung anderer Menschen mit Hilfe elektronischer Kommunikationsmittel über soziale Netzwerke, Messenger und/oder mittels mobiler Telefone.

www.hilfetelefon.de/gewalt-gegen-frauen/digitale-gewalt

Hilfe und Ratgeber für Familien und allgemeine Fragen

www.caritas.de/hilfeundberatung/ratgeber

Internetforen zum Austausch mit Betroffenen von narzisstischem Missbrauch

www.em-life-forum.de/forum.html

www.forum-umgang-mit-narzissten.de

www.gofeminin.de/liebe-sc3.html

Literaturverzeichnis

Norwood, Robin
Wenn Frauen zu sehr lieben – Die heimliche Sucht, geliebt zu werden
rororo Verlag

Haller, Reinhard
Die Narzissmus-Falle – Anleitung zur Menschen- und Selbstkenntnis
eco.win Verlag

Besser-Sigmund, Cora
und Siegmund, Harry
Wingwave-Coaching – Wie der Flügelschlag eines Schmetterlings
Jungfernmann Verlag

Chopich, Erika J. und Paul, Margaret
Aussöhnung mit dem inneren Kind
Ullstein Verlag

Stahl, Stefanie
Das Kind in dir muss Heimat finden
Kailash Verlag

Merzeder, Christine
Wie schleichendes Gift – Narzisstischen Missbrauch in Beziehungen überleben und heilen
Scorpio Verlag

Lipton, Bruce
Intelligente Zellen – Wie Erfahrungen unsere Gene steuern
Koha Verlag

Blabl, Sandra
Bulimiefrei jetzt
be wonderful!

Die Autorin

Gisa Steeg, Steh-auf-Coach, Persönlichkeitstrainerin und Autorin.

Jahrgang 1970, lebt in der Nähe von Heidelberg.

Inhaberin von Gisa Steeg Coaching und Persönlichkeitstraining und Power Emotion Room.

Sie ist ausgebildeter Business-Coach, Hypnose-Coach, systemische Beraterin, NLP-Master, Kommunikationstrainerin, Wingwave-Coach und auch im Bereich  Massage und Wellness hat sie verschiedene Ausbildungen absolviert, wie z. B. Shiatsu- und Massage-Praktikerin, Aroma-Expertin, Ayurveda-Massagen, Naturkosmetikerin u. v. m.

Die Autorin ist Unternehmerin mit Erfahrung im Umgang mit Kunden und Menschen aus mehr als 25 Jahren.

Ihr Spezialgebiet sind Coachings und Seminare rund um das psychische und physische Wohlbefinden der Menschen und einen erfolgreichen Außenauftritt, Selbstbewusstseins- und Persönlichkeitstraining. Dabei steht der Mensch immer im Mittelpunkt. Gisa Steeg ist Wegbegleiterin und unterstützt Menschen in ihren größten Lebenskrisen, wieder in die Kraft und Lebensfreude zu kommen. Sie entwickelt mit ihnen ein Steh-auf-Coaching und Resilienz-Programm.

Die von ihr entwickelte Methode POWER EMOTION ROOM bietet einen kraftvollen Raum für Emotionen, Regeneration, Entfaltung und emotionales Wachstum. Dabei verbindet sie Entspannung und Coaching, Massage und Körperarbeit. Durch gezielte Körperachtsamkeitsübungen, Berührungen und verschiedene Coaching- und Entspannungsmethoden verändert sie das Körper- und Unterbewusstsein und löst die emotionalen Blockaden und Stress auf und löst körperliche Verspannungen ursächlich auf.

Ihr Motto: Krisen überwinden, Lebensfreude finden, einfach mehr Lebenslust, statt Lebensfrust!

#spürbarstarkvonINNEN

304 Seiten, broschiert
ISBN 978-3-89845-647-0
€ [D] 17,00

Gisa Steeg

Betrogen, belogen, verarscht und verlassen
Das Mutmachbuch für deinen Neubeginn

Dieser Ratgeber von Gisa Steeg führt dich durch die verschiedenen Phasen der Trennung und des Liebeskummers und hilft dir, deinen Schmerz und dein Herz zu heilen, aus der Opferrolle auszusteigen und mit Schwung wieder aufzustehen, deinen Selbstwert zu nähren und mehr Lebensfreude und Leichtigkeit zu gewinnen.
Er hilft dir, dich neu zu erkennen und daran zu erinnern, was du in deinem Leben willst – so kannst du jede Krise meistern, um stark, lebensfroh, optimistisch und selbstbewusst zu werden.

224 Seiten, broschiert
ISBN 978-3-89845-511-4
€ [D] 14,95

Julia Kathan

Alles für ein bisschen Liebe?
Schluss mit Warten & Schmachten. Liebessucht erkennen und heilen.

»Liebessucht« betrifft weit mehr als einen kleinen Kreis von Frauen, die dazu neigen sich auf Liebe und Beziehung als Lebenselixier zu fixieren.
Julia Kathan räumt schonungslos auf mit dem endlosen Warten auf Mr. Right und beschreibt lebensnah und humorvoll die Ursachen, die in die Liebeskummerschleife führen – und inspiriert dazu, sich selbst zu verändern, anstatt immer neu den zwecklosen Versuch zu starten, den Liebespartner verändern zu wollen. Und so macht sie Lust darauf, sich in die Liebe, die nicht wehtut, zu verlieben und unberührtes Neuland zu betreten.

152 Seiten, mit Abbildungen,
4-fbg., Klappenbroschur
ISBN 978-3-89845-437-7
€ [D] 14,95

Nathalie Bodin

Ho'oponopono
30 Formeln zur Lösung von Konflikten

Entdecken Sie Ho'oponopono ganz praktisch für Ihren Alltag. Nathalie Bodin konzentriert sich auf das Wesentliche im hawaiianischen Vergebungsritual: die Lösung von Konflikten, wie dies in seinen historischen Anfängen der Fall war. Sie hat das ursprüngliche Ritual wiederaufgegriffen und an das moderne westliche Leben angepasst. Sie bringt uns Ho'oponopono nahe, indem sie uns an 30 alltäglichen Situationen zeigt, wie wir Konflikte erfolgreich mit der Energie des Verzeihens und des Reinigens auflösen können.
Entdecken Sie Weisheit des Ho'oponopono, die auch auf jeden Konflikt in Ihrem Leben anwendbar ist!

464 Seiten, broschiert
ISBN 978-3-89845-112-3
€ [D] 19,90

Walter Rotter

Charaktere erkennen – Menschen verstehen

... miteinander glücklich sein

Eine echte Sensation! Nach über drei Jahrzehnten intensiver Studien und beratender Tätigkeit ist Walter Rotter – allein auf der Grundlage des Geburtsdatums und der Geburtsstunde – in der Lage, den Charakter jedes Menschen zu erfassen, den Zugang zu diesem zu finden und ihn im Herzen zu berühren. Mit Hilfe dieses Buches wird nun auch Ihnen der Zugang zu vielen Menschen erleichtert werden. Lassen Sie sich überraschen von der Vielfältigkeit dieser wunderbaren Grundcharaktere, lernen Sie sie zu verstehen – und Sie werden ein erstaunliches Feedback erhalten ...

160 Seiten, broschiert
ISBN 978-3-89845-413-1
€ [D] 12,95

Fritz Weber

Finde, was dir dein Partner nicht geben kann

In unserer Partnerschaft sind wir oft gefangen in unerfüllten Sehnsüchten und benutzen einander, um uns scheinbar besser und glücklicher zu fühlen. Damit versuchen wir unbewusst, von der Energie des anderen zu leben, statt in uns selbst die wahre Quelle der Erfüllung zu finden und unser Lebensglück selbstverantwortlich in die Hand zu nehmen.
Fritz Weber lädt uns zu einer spannenden Wandlungsreise zu unserem eigenen, großartigen Potenzial an Liebe, an Glücksfähigkeit und damit auch an neuer Freude am Leben ein. Sein Buch ist kein üblicher Beziehungsratgeber, sondern ein Weg zur Heilung und Erfüllung unserer tiefen Sehnsucht nach Liebe.

152 Seiten, Flexocover
ISBN 978-3-89845-591-6
€ [D] 12,95

Werner Ablass

Nichts ist, wie es scheint

Entzaubert siehst du nur (Selbst-)Liebe

Liebe ist nicht nur die stärkste, sondern die einzige Kraft im Universum. Sie ist in allem, was existiert. Sie ist das Eine, das sich Zweiheit – unsere Welt der Gegensätze – »gezaubert« hat, um sich darin selbst zu erfahren und zu begegnen. Somit ist alles, was wir wahrnehmen, nur ein Zauber, nicht die Realität. Wer diesen Zauber durchschaut und dabei »entzaubert« wird, begreift, dass alles, was geschieht, aus Liebe geschieht, selbst wenn es wie ihr Gegenteil erscheint.
Eine völlig neue Sichtweise eröffnet sich, die dem Hadern mit sich und der Welt ein Ende bereitet und es durch die Gewissheit ersetzt, endlich »angekommen« zu sein.

176 Seiten, broschiert
ISBN 978-3-89845-664-7
€ [D] 12,00

Deine Mutmacherin – Ilona Friederici
Hamanyalas – Weisheiten des leichten Lebens

Was ist wirklich wichtig?
Von einer Minute auf die andere ist auf einmal alles anders. Wie ein Kartenhaus bricht dein ganzes Leben in sich zusammen und nichts ist mehr, wie es einmal war. Du fühlst dich, als hätte man dir den Boden unter den Füßen weggezogen, und es scheint keinen Ausweg zu geben ...
... doch plötzlich entdeckst du die Hamanyalas – wertvolle Wegweiser zu dir selbst. Mit ihrer Hilfe findest du den Mut, dich selbst kennenzulernen, musst im Alltag nicht mehr nur funktionieren und erkennst, was du eigentlich möchtest.
Und auf einmal ist das Leben so viel leichter und schöner als zuvor ...

256 Seiten, Klappenbroschur
ISBN 978-3-89845-641-8
€ [D] 12,00

Manfred Mohr
Welcher Bestelltyp bist du?
So werden deine Wünsche wahr!

Ob eine Bestellung beim Universum wirklich funktioniert, hat maßgeblich mit der Persönlichkeit des Wünschenden zu tun.
Dieses Buch beschreibt die 21 unterschiedlichen Bestelltypen – und wie jeder am besten zu Traumwohnung, Traumjob und Traumpartner findet.
Bestellungen beim Universum – individuell und maßgeschneidert für dich!

160 Seiten, broschiert
ISBN 978-3-89845-611-1
€ [D] 14,00

Kurt Tepperwein
Vergiss dich nicht
Die 23 Tugenden für ein bewusstes Leben

Seit jeher sehnen wir uns nach Veränderungen. Wir probieren vieles aus und bemerken aber, dass wir immer wieder am gleichen Punkt landen.
Der erfolgreiche Autor Kurt Tepperwein lädt uns dazu ein, etwas genauer hinzu-sehen und das Leben mit 23 längst vergessenen Tugenden, die aktueller denn je sind, neu zu entdecken.
Dieses Buch geht mit dir den Weg in ein bewusstes Leben. Es rüttelt wach, fängt auf, harmonisiert und begleitet.
Es liegt nur an uns, diese Tugenden wieder zum Leben zu erwecken ...

200 Seiten, broschiert
ISBN 978-3-89845-455-1
€ [D] 14,95

Ingrid Theißen
Ein neues Leben mit Haut & Haaren
Nutzen Sie das Wissen einer Biofriseurin

Schluss mit Haut- und Haarproblemen – ein neues Wohlgefühl. Ingrid Theißen ist Biofriseurin und weist Ihnen in ihrem Buch den Weg zu einem natürlichen Leben mit Haut und Haaren und zum Ende Ihrer Haut- oder Haarprobleme. Die Autorin zeigt die Zusammenhänge dieser Probleme mit dem Ungleichgewicht im Körper und in der Seele auf und hilft dabei, diese aufzulösen. Das Ergebnis ist eine positive Entwicklung von Körper, Geist und Seele, die zu einem neuen Wohlgefühl führt, was sich auch im Äußeren spiegelt.
Sagen Sie ja zu sich und zu einem eigenen, selbstbestimmten Leben mit Haut und Haaren!

202 Seiten, gebunden
mit Schutzumschlag
ISBN 978-3-930243-30-3
€ [D] 10,80

Werner Ablass
Leide nicht – liebe
Über die Liebe zur Liebe ohne Objekt

Alles im Kosmos basiert auf Schwingung und Resonanz. Wer leidet, befindet sich auf einer tiefen Schwingungsebene und zieht dementsprechend negative Lebensumstände an. Wer liebt, schwingt auf der höchstmöglichen Schwingungsebene und wird dadurch automatisch zum Magneten für Harmonie, Glück und Erfolg. Werner Ablass zeigt, wie man in die Schwingung von Agape gelangt – einer Liebe, bei der das Objekt zweitrangig ist. Das heißt: Man liebt nicht, weil man bestimmte Menschen, Dinge oder Situationen liebenswert findet. Man liebt, weil man merkt, wie gut es einem dabei geht. Er führt uns zu unserer wahren Natur, die nichts anderes ist als Liebe.

224 Seiten, broschiert
ISBN 978-3-89845-596-1
€ [D] 17,00

Maria G. Baier-D'Orazio
Schneiden Sie die Tomaten doch mal anders als sonst
Aus der Routine des Alltags ausbrechen und jünger werden

Haben Sie sich nicht schon immer ein Leben gewünscht, in dem Platz ist für Neues, für Spontaneität, Lebenslust und Abenteuer? Genau dieses Leben können Sie sich erschaffen und frischen Wind in Ihr Leben lassen. Entdecken Sie, wie Sie mit kleinen Veränderungen dem Leben Farbe verleihen, es facettenreicher, intensiver werden lassen.
Der wunderbare Nebeneffekt: Diese neue Art an gelebter Intensität wird in Ihnen das Jungsein aktivieren. Begleitet von einer Vielzahl spielerischer Übungen, entdecken Sie so einen wahren Jungbrunnen für ein Leben, das sich jeden Tag neu erschafft.

Weiterführende Informationen zu
Büchern, Autoren und den Aktivitäten
des Silberschnur Verlages erhalten Sie unter:
www.silberschnur.de

Natürlich können Sie uns auch gerne den
Antwort-Coupon aus dem beiliegenden
Lesezeichenflyer zusenden.

Ihr Interesse wird belohnt!